Félix Lope de Vega y Carpio

Las famosas asturianas

Barcelona **2024**
Linkgua-ediciones.com

Créditos

Título original: Las famosas asturianas.

© 2024, Red ediciones S.L.

e-mail: info@linkgua.com

Diseño de cubierta: Michel Mallard

ISBN tapa dura: 978-84-1126-172-2.
ISBN rústica: 978-84-9816-203-5.
ISBN ebook: 978-84-9897-734-9.

Cualquier forma de reproducción, distribución, comunicación pública o transformación de esta obra solo puede ser realizada con la autorización de sus titulares, salvo excepción prevista por la ley. Diríjase a CEDRO (Centro Español de Derechos Reprográficos, www.cedro.org) si necesita fotocopiar, escanear o hacer copias digitales de algún fragmento de esta obra.

Sumario

Créditos _____ 4

Brevísima presentación _____ 7
   La vida _____ 7

Las famosas asturianas _____ 9

Personajes _____ 10

Jornada primera _____ 11

Jornada segunda _____ 47

Jornada tercera _____ 85

Libros a la carta _____ 121

Brevísima presentación

La vida

Félix Lope de Vega y Carpio (Madrid, 1562-Madrid, 1635). España. Nació en una familia modesta, estudió con los jesuitas y no terminó la universidad en Alcalá de Henares, parece que por asuntos amorosos. Tras su ruptura con Elena Osorio (Filis en sus poemas), su gran amor de juventud, Lope escribió libelos contra la familia de ésta. Por ello fue procesado y desterrado en 1588, año en que se casó con Isabel de Urbina (Belisa). Pasó los dos primeros años en Valencia, y luego en Alba de Tormes, al servicio del duque de Alba. En 1594, tras fallecer su esposa y su hija, fue perdonado y volvió a Madrid. Allí tuvo una relación amorosa con una actriz, Micaela Luján (Camila Lucinda) con la que tuvo mucha descendencia, hecho que no impidió su segundo matrimonio, con Juana Guardo, del que nacieron dos hijos. Entonces era uno de los autores más populares y aclamados de la Corte. En 1605 entró al servicio del duque de Sessa como secretario, aunque también actuó como intermediario amoroso de éste. La desgracia marcó sus últimos años: Marta de Nevares una de sus últimas amantes quedó ciega en 1625, perdió la razón y murió en 1632. También murió su hijo Lope Félix. La soledad, el sufrimiento, la enfermedad, o los problemas económicos no le impidieron escribir.

Las famosas asturianas
Comedia
Félix Lope de Vega y Carpio

Dedicada a don Juan de Castro y Castilla
Gentilhombre de la boca de Su Majestad, Corregidor de Madrid

De la antigua casa y nobleza de vuestra merced propuse a las musas la historia en acto cómico; y no habiéndome dado lugar el tiempo, con pleitos, materia casi, adversa a la quietud de su sagrado monte, dejé a más ocio disponer este deseo a la voluntad, y su efeto a la obligación; porque no es justo que cosas tan grandes no tengan el lugar que merecen, para ser tratadas con diferencia y respeto; y así, entre tanto, quise ofrecer a vuestra merced esta historia, que escribí en lenguaje antiguo para dar mayor propiedad a la verdad del suceso, y no con pequeño estudio, por imitarla en su natural idioma. Tuve en esta imaginación presente aquella puerta insigne de la gran ciudad de Burgos, a quien vuestra merced ha honrado tanto, que, como Roma dio la imagen a Scévola, por único, parece que ha puesto en manos de vuestra merced su antigua calidad y grandeza, jamás ofendida del tiempo, que deshace las grandes casas, pero no los blasones de sus dueños. Vuestra merced la reciba en feudo de mi rendimiento y obligación a tantas mercedes recibidas, y dele el cielo el lugar que su gran entendimiento, y cristiano celo tienen tan merecido y yo deseo.

Capellán de vuestra merced,
Lope de Vega Carpio.

Personajes

El rey Alfonso el Casto
Amir, moro
Nuño Osorio
Celín, moro
Don García, viejo
Tello
Doña Sancha
Pascual, villano
Laín de Lara
Toribio, villano
Sol
Leonor
Fisnando
Tomé
Alarico
Vela, soldado
Fortuno
Anzures, soldado
Teudo
Soldados cristianos
Meledón
Soldados moros
Froilán
Doncellas
Tenorio
Músicos
Suero
Acompañamiento
Audalla, moro
Gente
(La escena es en León y en otros puntos.)

Jornada primera

Plaza de León, con puerta de un monasterio.

(El rey don Alfonso, retirándose; Fisnando, Alarico, Fortuno y Gente amotinada, tras él.)

Rey Alfonso
Al vueso rey hacer tamaño tuerto,
no es de buenos ni de hijosdalgo.

Fisnando
O muera, o le prended.

Rey Alfonso
Será más cierto
morir, traidores.

Alarico
No cuidéis en algo.

Rey Alfonso
Ya estoy, villanos, en sagrado puerto.   5
De las aras de Dios me agarro y valgo.

(Éntrase en el monasterio, y cierran.)

Fisnando
Alfonso, hoy finará tu corto imperio.

Alarico
Los monjes han cerrado el monasterio.

Fisnando
¡Por la crisma bendita que posada
traigo en la frente, que no deje el puesto,   10
ni de camisa he de cubrir la espada,
hasta que todo yaga descompuesto!

Alarico
La puerta es fuerte, en hierros aforrada:
no se podrá desquiciar tan presto;
y si los monjes puyan a la torre,   15

	nuestra vida, a la fe, peligro corre.
Fisnando	Pues ¿qué pueden hacer los capilludos?
Alarico	Tirar de en somo bien fornidos lanchos,
	y asaz que son de gruesos y membrudos,
	y en se guarir los parapetos anchos. 20
Fisnando	No fuimos en matarle bien sesudos;
	mas cuiden los Alfonsos y los Sanchos
	que no han de reinar, ni sus injurias
	sufrir los homes de León y Asturias.

(Nuño Osorio, el Capitán Teudo, Froilán, Tenorio, Fisnando, Alarico, Fortuno, Gente.)

Teudo	¿No llevaremos gente?
Nuño Osorio	No me basto 25
	a sofrenar, en viendo tan notorio
	el daño a mi rey, Alfonso el Casto.
Alarico	Éste es el montañés don Nuño Osorio.
Nuño Osorio	Siempre mi sangre en su servicio gasto.
	¡Aquí, Teudo, Froilán; aquí, Tenorio! 30
	¡Mueran estos traidores, y el rey viva!

(Pelean; los amotinados huyen.)

Teudo	¡Verá cuál va la gente fugitiva!
Nuño Osorio	Por la casuella santa de Ildefonso,
	que no ha de quedar vivo ninguno.

Teudo	Pues a Fisnando cántenle un responso.	35
Nuño Osorio	Y a Alarico no menos, y a Fortuno.	
Teudo	Ya sale de la igreja el nueso Alfonso.	
Nuño Osorio	¡Oh hidalgos! No quede de vos uno que no yaga a los pies de Alfonso el Bueno, de tanta gloria y bienandanza lleno.	40

(El Rey, Nuño, Teudo, Froilán, Tenorio.)

Rey Alfonso	No vos humilledes tanto, amigos, pues que por vos, del querer del cielo en pos, a tanto bien me levanto. Los vuesos brazos me dad; que miembros de tal firmeza harán bien con la cabeza junta y unida igualdad.	45
Nuño Osorio	Rey nueso, cuanto nos honras, tanto a ti mismo levantas: deja besar esas plantas; que harto de asaz haces honras. aquellos homes traidores de abolengo de otros tales, ¿cómo pueden ser leales, no lo siendo sus mayores? Todos los que ves aquí son de aquellos asturianos, cuyos abuelos cristianos molares hacen allí,	50

55

60 |

por la pérdida de España;
éstos, ganando a León
con el valiente escuadrón
que salió de la montaña,
hicieron rey a Pelayo, 65
a quien sucedió Favila,
primero Alfonso, y Froíla,
de los africanos rayo,
aunque por los suyos muerto,
por vengar a Vimarano; 70
que el ser Caín de su hermano
no era al cielo encubierto.
Reinaron Aurelio y Silo,
y aunque a Dosinda pesó,
Mauregato sucedió, 75
bastardo y de tal estilo
(¡mala su memoria sea!),
que a tal tributo dejó
de cien doncellas, que yo
no quiera Dios que lo vea. 80
La merindad de Pravía
le soportó que debiera
hincar en mala hoguera,
polvos al aire aquel día.
Bermudo en pos del que digo, 85
por estar vos desterrado
en Navarra, fue llamado
al reino entonces conmigo;
mas él, que claro sabía
que érades vos heredero 90
legítimo y verdadero,
que por padre vos venía,
en Safagún se vistió
la cogulla de Benito,

	y renunció por escrito	95
	el reino, que vos, donó.	
	Según esto, si sos vos	
	fijo del rey don Froíla,	
	¿qué vos cansa y aniquila	
	ése, que mal haga Dios?	100
	A vos, Alfonso, os atañe:	
	quien vos lo niega es traidor.	
Rey Alfonso	Con tan noble defensor	
	no hay traición que me dañe.	
	Págevoslo Dios, amén,	105
	buen alcaide de León.	
Nuño Osorio	Yo vos beso por el don	
	la mano, y el pie también.	
	Hágavos Dios, rey sesudo,	
	tan temido y acatado,	110
	que tenga el vueso reinado	
	al más envidioso mudo.	
	Seáis de Dios temeroso	
	y celador de su ley;	
	que no puede ser buen rey	115
	sin ser de Dios pavoroso.	
	Veáis las vuesas banderas	
	sobre las aguas del Tajo,	
	aunque vos cueste trabajo	
	el conquerir sus fronteras.	120
	y si vos sucede bien,	
	lleguen a Guadalquivir,	
	y aun al mar oso decir,	
	que puedan nadar también.	
	Crezca vuesa renta al año	125
	treinta mil maravedís.	

Rey Alfonso	Todo el bien que me decís	
	no será por vueso daño;	
	que vos juro, el buen Osorio,	
	que vos amo asaz y quiero	130
	por antiguo caballero,	
	de Solar y hecho notorio,	
	y por vuestra gran lealtad,	
	y porque aquí me habéis dado	
	la vida, y aventurado	135
	la vuesa a mi libertad;	
	que si no fuera por vos,	
	rompieran el monasterio,	
	de nuestro honor vituperio	
	y poco pavor de Dios.	140
	Y tórnovos a endonar,	
	por lo que me bendecís,	
	quinientos maravedís	
	de renta al vueso yantar.	
Nuño Osorio	Y yo a besaros los pies	145
Rey Alfonso	A Teudo, mi capitán,	
	doble sueldo le darán.	
Nuño Osorio	Leal y hidalgo es	
Teudo	El cielo os dé larga vida.	
Nuño Osorio	Vamos; que os quiero hacer	150
	fiestas.	
Teudo	Hoy os ha de ver	
	con la corona sumida	

| | hasta los ojos León,
porque mostréis en la faz
que vos ha ofendido asaz
la mengua de su traición. | 155 |

| Nuño Osorio | Como al cuerpo los sentidos,
son al gobierno los nervios,
el castigar los soberbios
y el perdonar los rendidos.
Tomemos muesos caballos,
y la fiesta se aperciba.
¡Viva Alfonso el Casto! | 160 |

| Los Otros | ¡Viva! |

| Rey Alfonso | Guárdevos Dios, mis vasallos. |

(Vanse.)

(Monte.)

(Doña Sancha, sola, con montera de caza, vaquero y venablo.)

| Doña Sancha | ¿Cuidaste que temía,
oso feroz, peludo,
tu catadura fiera doña Sancha?
¿Cuidaste que huía,
pues no hacerlo pudo
el africano, que su campo ensancha?
La verde yerba mancha
tu fiero humor sangriento,
haciéndote de grana
la parda y roja lana,
indicio de mi brazo y ardimiento; | 165

170

175 |

que destas bizarrías
están colmadas las hazañas mías.
No será tu cabeza
la primera que entolde
el dintel de la puerta de mi casa, 180
puesto que tu fiereza
vendrá como de molde
al arco que de reja a reja pasa.
Calor del Sol me abrasa,
sin el del ejercicio: 185
haced, árboles, sombra,
y vos, yerbas, alfombra;
que no hay en las cortes edificio
como le hacen juntas
de los trabados álamos las puntas. 190
¡Oh cristalinas fuentes,
donde suelo tocarme,
por haceros espejos de mi cara,
con cercos relucientes
de yerba, en que sentarme, 195
y tanta flor en que la vista para!
Cuida Laín de Lara,
que en estrado le atiendo
en cuadras de mi casa,
porque con él me casa 200
mi padre; y yo, que aun de le ver me ofendo,
ando por estas flores
cazando fieras y olvidando amores.
No ál que el verme libre
piensa mi pensamiento; 205
lo ál arrojo de mi alma lueñe.
El dardo el brazo vibre,
y al oso corpulento
en tierra el cuento la cuchilla enseñe.

              Laín de Lara sueñe   210
              sus fingidos placeres;
              que yo por bosques quiero
              teñir el blanco acero:
              que no se amañan todas las mujeres
              a desfilar vainillas,   215
              que hacen a los homes lechuguillas.

(Laín de Lara, con una ballesta; doña Sancha.)

Laín de Lara
(Sin ver
a doña Sancha.)   Con armas cazadoras
              de fieras alimañas,
              ¿quién vio jamás venir a caza hembras?
              Las viras matadoras   220
              en ásperas montañas
              osos matan, amor, si bien te miembras;
              mas tú, cruel, que siembras
              ya por tan luengos días
              al viento mi esperanza,   225
              sin que hagas mudanza
              de tu rigor y las tristezas mías,
              sabes que no hay fiera
              como mujer que olvida y persevera.
              No ando yo mezquino   230
              por las calles mirando
              las puertas de mi Sancha, no las rejas;
              no voy a hallar camino
              amando y suspirando
              entre los hierros, de colar mis quejas.   235
              ni ve por las semejas
              de mi rostro difunto
              desde las almohadas

mis cuitas abrasadas,
ni sentado en la silla le pregunto 240
corteses cumplimientos,
no digo enamorados pensamientos.
En la sierra fangosa
la busco entre las fieras,
en los bosques de bojes y de tejos. 245
Ya con la red nudosa
prendiendo aves ligeras;
ya matando las liebres y conejos;
ya, sirviendo de espejos
los cristales corrientes, 250
mirándose la cara,
ya de sí misma avara,
huyendo de mirársela en las fuentes,
las hebras por donaire
con más ondas que el mar dorando el aire, 255
solo se diferencia
de las fieras crueles,
en que ellas, a mi llanto enternecidas,
no huyen mi presencia;
que entre aquestos laureles 260
oyen mi voz, de mi dolor vencidas;
yella de las feridas
que en mis entrañas hace,
huye y me deja solo,
desde que muere Apolo 265
fasta que en brazos de la aurora nace.
¡Oh amor!; ¿qué ley sofriera
que fuiga una mujer y oiga una fiera?

Doña Sancha
(Aparte.)   Por las relicas santas
que yacen en Oviedo, 270

	que ha venido Laín a perturbarme,	
	tras que vegadas tantas	
	le he dicho que no puedo	
	atender a sus cuitas ni casarme.	
Laín de Lara (Aparte.)	O quieren engañarme	275
	mis locas fantasías,	
	o doña Sancha es ésta.	
	¿No fueras, ¡oh ballesta!,	
	arco de amor, que sus entrañas frías	
	agora trascolaras,	280
	y rendida a mis quejas la fincaras?	
Doña Sancha (Aparte.)	Huir quisiera y no puedo;	
	que será descortesía.	
Laín de Lara (Aparte.)	No es la sierra tan fría	
	como es el amor con miedo.	285
	Ánimo, turbada lengua;	
	pies cobardes, ¿qué os heláis?	
	Si de una hembra tembláis,	
	calársevos ha por mengua.	
	¡Oh Sancha hermosa!	
Doña Sancha	¡Oh Laín!	290
Laín de Lara	¿Siempre en el campo?	
Doña Sancha	¿Qué cosa más agradable y hermosa?	

Laín de Lara	El cultivado jardín	
	conviene a la tierna dama,	
	que no la nevada sierra;	295
	que como al home la guerra,	
	acuciadora de fama,	
	tal a la hembra la paz,	
	el estrado y la labor.	
Doña Sancha	Damas que cuidan de amor	300
	fallen sentadas solaz.	
	Yo, Laín, en este sino	
	y en este planeta fui	
	nacida al mundo, que a mí	
	no me alegra el oro fino	305
	en el dosel y el estrado,	
	ni menos la mora alfombra,	
	sino la apacible sombra	
	que hacen olmos al prado.	
	Más precio esperar aquí	310
	que un jabalí fiero asome,	
	que oír blanduras de un home,	
	puesto que hembra nací.	
Laín de Lara	Quien tanta conversación	
	tiene con las fieras ya,	315
	o fiera tornada está,	
	o sus entrañas lo son.	
	Abranda (que Dios te guarde)	
	ese indomable albedrío	
	al largo tormento mío,	
	y no me remedies tarde.	320
	El tu padre y mi señor	
	mi esposa quiere hacerte:	
	no es cordura esconderte,	

	Sancha, y despreciar mi amor.	325
	Tú has de ser mía.	
Doña Sancha	Detén,	
	Laín, la lengua y la mano.	
Laín de Lara	El ser yo tan cortesano	
	faz que no me trates bien.	
	Pues en el campo no quiero	330
	ser con tanta esquividad	
	humilde; que mi humildad	
	hace tu rigor tan fiero.	
	Esa mano me has de dar.	
Doña Sancha	¡Ay, el home lo que diz!	335
	pues por la sobrepelliz	
	que lleva el crego al altar,	
	y aun por el santo varraco	
	de San Antón, vos prometo	
	que si el chuzo vos espeto,	340
	que vos haga un buen foraco.	
	No debedes de pensar	
	el valor de doña Sancha.	
Laín de Lara	Tengo yo el alma, atán ancha,	
	que no lo es tanto la mar.	345
	No me la alteran tormentas	
	ni me la menguan tormentos.	
	Faz tú, Sancha, sentimientos;	
	que aun me regalo en que sientas.	
	Y advierte que estos desdenes	350
	me pagarás algún día;	
	que por fuerza serás mía,	
	y haré entonces que penes.	

Doña Sancha	¿Yo tuya?
Laín de Lara	Ya está tratado,
	fiera, rebelde, enemiga 355
	de ti misma.
Doña Sancha	Aunque él lo diga,
	no pienso tomar estado.
Laín de Lara	¡Ay, que ha dicho contra el santo
	mandamiento de honrarás
	tu padre y madre!
Doña Sancha	Aunque más 360
	astuto y artero tanto,
	me levantes testimuños,
	no me harás que te quiera;
	que, como víbora fiera,
	aborrezco matrimuños. 365
Laín de Lara	Y ¿dejarásme morir?
Doña Sancha	No hagas del zorro, no;
	que he leído en copras yo
	que saben homes fingir.
(Sol, dichos.)	
Sol	En tu búsqueda venía, 370
	trotando todo ese valle.
Doña Sancha	No hay, Sol, quien no me falle
	somo desta fuente fría.

	¿Qué hay en casa? ¿Es ya venido	
	el mío señor a yantar?	375
Laín de Lara (Aparte.)	Aquí me quiero posar, entre esta yerba escondido.	
Sol	Antes vino de León Lireno, que le ha contado que al Rey de nuevo han jurado	380
	los que más hidalgos son, después de aquella presura que entre los monjes sofrió; porque ya Osorio venció toda esa banda perjura;	385
	el cual con los asturianos tales fiestas enordena, que está la ciudad más llena que una granada de granos. ¡Ay Dios, si fueras allá!...	390
	Mas no tienes condición.	
Doña Sancha	Las cosas de Osorio son tales, que me obligan ya a ver de qué catadura es home de tanta pro,	395
	aunque nunca se me oyó atamaña desmesura. Mas ¿siempre tengo de ser piedra, nieve, sierra, monte? Pues, Sol, de camino ponte,	400
	faz en un carro poner el paño de las figuras, y en las tablas un tapete.	

Sol	Hoy el cielo te promete
	mil linajes de venturas. 405
Doña Sancha	Desdichas lo contradicen.
Sol	Es tu desdén muy notorio.
Doña Sancha	Vamos a ver si este Osorio
	es tan galán como dicen.

(Vanse las dos.)

(Laín, solo.)

Laín de Lara	No queda más helado y pavoroso, 410
	zambulléndose el Sol, el pajarillo,
	que de uno y otro pálido ramillo
	fabricaba su nido artificioso,
	que yo sin ti, dulce desdén hermoso,
	tanto, que de vivir me maravillo, 415
	posándome por horas el cochillo,
	desesperanzas de mi bien dudoso.
	¿Vaste a León? Bien haces; que ese nome
	conviene a tu cruel naturaleza;
	diamante que no hay sangre que te dome, 420
	deja para las fieras la dureza;
	que Dios fizo la hembra para el home,
	y no para ti misma tu belleza.

(Vase.)

(Audalla, moros, con bandera y caja; Amir.)

Audalla	Mi parecer, Amir, es que la gente	
	no se acerque a León; que estos cristianos	425
	suelen mudar diversos pareceres,	
	y cuantas son entre ellos las cabezas,	
	tantos son los acuerdos y consejos.	
Amir	Bien dices, negociemos desde lejos;	
	y tú puedes partir, famosa Audalla,	430
	a hablar al rey Alfonso por el nuestro	
	y dalle la embajada de su parte;	
	que no podrá ofendernos ni agraviarte.	
Audalla	Pues quédese la gente en este monte,	
	en tanto que las parias nos concede;	435
	que somos pocos para estar más cerca,	
	y cada día crecen los cristianos	
	en número, en valor y atrevimiento,	
	y bajan de esas sierras ciento a ciento.	
Amir	Su aspereza notable fue la causa	440
	que no las conquistase el fuerte Muza,	
	y que ellos por sus altas asperezas	
	pudiesen esconderse de su furia	
	sin recibir de su poder injuria.	
Audalla	Agradezcan los godos a Pelayo	445
	la batalla feroz de Covadonga,	
	en que perdimos el gobierno todo,	
	el absoluto imperio y monarquía	
	de la infeliz y conquistada España,	
	que de margen a margen fuera nuestra.	450
Amir	En sus reliquias su valor se muestra.	

(Celín, Pascual, Toribio, dichos.)

Pascual	Señor, ¿dónde nos llevas desta suerte?
Celín	Pastores, no temáis prisión ni muerte.
Audalla	¿Qué es eso?

Celín   Dos villanos que he traído
destos ganados para que te informes.   455

Audalla   Amigos, no temáis; de paz venimos,
no venimos de guerra.

Toribio   No se espante
que dos pobres pastores deste monte
hayamos tal pavor de sus figuras,
acosados de tantas desventuras.   460

Pascual   Estamos admirados que tan cerca
de la insigne León llegue un ejército
tan pequeño de moros.

Audalla   ¿Ya no os digo
que no vengo de guerra? Aunque mi gente
armada viene para su defensa;   465
que entre enemigos puede haber ofensa.

Toribio   Pues ¿dónde va con cajas y trompetas,
atronando ese monte y sus solares,
y con más de doscientos caballeros,
sin más de otros trescientos infanzones?   470
¿No sabe que en León viven leones?

Audalla   Voy a cobrar las parias que sus reyes
                       pagan al rey de Córdoba, mi dueño,
                       de quien soy capitán.

Toribio   ¿Las cien doncellas?

Audalla   Por las doncellas voy.

Toribio   ¡Coitadas dellas!   475

Audalla   ¿Qué sabéis de León?

Toribio   Que, descuidado
                       de tanta desventura, en grandes fiestas
                       ocupa el tiempo que debiera en armas.

Audalla   ¡Fiestas León!

Pascual   Han hecho unos traidores
                       un gran desaguisado al rey Alfonso.   480
                       Quisiéronle matar, y en el sagrado
                       de un monasterio se zampó huyendo.
                       Tomó las armas el valiente Osorio,
                       y venciendo a Fisnando y Alarico,
                       libró su rey, que apareció otro día   485
                       debajo de un dosel de tela de oro,
                       coronada de rayos la cabeza,
                       Osorio al lado con desnuda espada,
                       y todo el pueblo con laurel y oliva,
                       diciendo a voces: «¡Viva Alfonso, viva!»   490
                       Esto fue al lado de la santa igreja,
                       por cuyos muros, azotando el viento,
                       colgaban los pendones de Pelayo,
                       de Favila, Fruela y de Bermudo,

	con los de Alfonso; Alfonso, que bien haya	495
	y que ganó renombre de Católico.	
	Por otra parte, con sus cregos todos	
	estaba el santo Obispo, revestido	
	del camisón labrado y la casuella.	
	Chiflaron más de un hora sobre un libro	500
	las flautas, que era gloria de escuchallas,	
	y cantaron de Alfonso las batallas.	

Toribio   Tras esto ha de haber justas y torneos...
           mas digo mal; que cesarán las fiestas
           con la venida vuesa, y los placeres   505
           se trocarán en llantos de mujeres.

Audalla   ¿En eso entiende el rey?

Toribio   En eso entiende
           Alfonso valeroso, cuya mano
           hagan los cielos tan valiente y fuerte
           como la de Pelayo.

Audalla   No prosigas.   510
           Camine, Amir, la gente a mejor puesto
           por lo que sucediere; que bastamos
           Celín y yo para decir a Alfonso
           la embajada del rey.

Amir   Marche la gente.

Toribio   ¡Bravo africano!

Pascual   ¡Bárbaro valiente!   515

Toribio   Ojo al ganado.

Pascual	Perros tiene el hato.
Toribio	¡Maldiga Dios, Pascual, a Mauregato!
Pascual	Coitadas las doncellas que llevaren.
Toribio	Más desdichadas son las que las paren.
Pascual	Si yo fuera mujer, aunque muy bella, 520 guardárame, a la fe, de ser doncella.

(Vanse.)

(Doña Sancha, Sol.)

Sol	¿Qué te parece la fiesta?
Doña Sancha	Tan mal, que asaz voy cansada.
Sol	Fiesta que a todos agrada ¿te ha semejado molesta? 525
Doña Sancha	No sé qué darte en respuesta, más de que en ella sentí que aquello mejor que vi fue para mí lo peor; porque comienzos de amor 530 son desdichas para mí.
Sol	¿Tú de amor?
Doña Sancha	Es atán nuevo, Sol, para mi condición,

	que se corre el corazón	
	de que a nombralle me atrevo.	535
	Cuanto a resistirme pruebo,	
	tanto más me acucia y mata.	
Sol	¡Cosa que haber sido ingrata	
	quiera el cielo castigarte!	
Doña Sancha	Cuido que por esa parte	540
	mis libertanzas maltrata.	
	¡Oh! ¡Qué mal hubiese el día	
	que salimos del solar!	
	¡Qué bien dicen que el pesar	
	es sombra de la alegría!	545
Sol	¿Qué te fizo, Sancha mía,	
	la fiesta? Que esos cordojos	
	deben de nacer de antojos.	
Doña Sancha	Antojos fueron, y atales,	
	que anda el alma en los umbrales	560
	de las puertas de los ojos.	
Sol	Todos aquellos pendones	
	que en la santa igreja vi,	
	me entretuvieron a mí,	
	y sus broslados leones,	565
	los cregos y crerigones,	
	los calóndrigos, y el canto	
	de tanto chifle, y de tanto	
	cantor que el alma penietra,	
	y el obispo con su mietra,	570
	que tiene la faz de santo.	
	Desta guisa me embebí,	

	que ni otra cosa caté.	
Doña Sancha	Yo por lo seglar eché,	
	y aun con eso me perdí.	575
	A los homes atendí,	
	que andaban en sus caballos,	
	que me empujaba a mirallos	
	mi condición belicosa,	
	y del rey la vista hermosa	580
	trascolóse a sus vasallos.	
	¿A quién te diré que vieron	
	mis ojos?	
Sol	¿Mas que conjuño	
	a quién viste? Viste a Nuño.	
Doña Sancha	A Nuño Osorio metieron	585
	los ojos, hasta que dieron	
	con él en el alma propia;	
	y dejáronme la copia	
	tan estampada en su centro,	
	que le sirve de alma dentro,	590
	aunque dos es cosa impropia.	
Sol	¿Que Osorio, Sancha, ha triunfado	
	de tu esquiva libertanza?	
Doña Sancha	Y con tal desesperanza	
	de verme en seguro estado,	595
	que en llegando al desdichado	
	solar en que me retira	
	mi padre, con tanta ira	
	pienso mi vida tratar,	
	que si le ves abrasar,	600

	le digas: «Sancha suspira».	
Sol	¡A la fe que te ha pegado buena arponada el rapaz!	
Doña Sancha	Allá me estuviera en paz en los silencios del prado: la Corte pone cuidado.	605
Sol	Tiene peligros y enojos.	
Doña Sancha	Que tenga de Nuño antojos hembra que yo, ¿no es vergüeña? Magüer que ya fuera dueña, debiera reñir mis ojos.	610
Sol	¿Qué sientes dentro de ti, que no se ve en la mesura?	
Doña Sancha	Siento una cierta brandura que me sonsaca de mí. Si cuido cómo le vi, la sangre se me trascuela al corazón, que recela que se enflaquece de amor; o es que busca su calor, porque en las venas se hiela. Andan mil imaginanzas alrededor del sentido, y él muy loco y divertido, fingiéndome seguranzas. Bien me alientan esperanzas que soy hembra de valor, aunque es Osorio señor	615

620

625 |

	de buen solar.	
Sol	Habrá quedo;	
	que tengo a la gente miedo.	630

(Toribio, Leonor, dichas.)

Toribio	¿Dónde está Sancha, Leonor?	
Leonor	¿No la ves junto de ti?	
Toribio	¿Qué haces parada agora?	
	Vuelve a tu solar, señora;	
	tu padre envía por ti.	635
	Que, como ya está tan viejo	
	y asaz cargado de edad,	
	mejor es su autoridad	
	para la paz y el consejo.	
	Andan moros por allí,	640
	y aunque no vienen de guerra,	
	no se comerán la sierra,	
	pero los ganados sí.	
Doña Sancha	¿Moros, Toribio?	
Toribio	Ha venido	
	Audalla, un gran capitán,	645
	con quien diz que a cobrar van	
	aquel infame partido	
	que fincó de Mauregato	
	entre Córdoba y León;	
	y aunque moros de paz son,	650
	no puede ganar el hato.	
	Ven a tomar la tu lanza,	

	y en una yegua saldrás,	
	para que se alueñen más	
	de tu ganado y labranza.	655
	El carro quedaba apuesta	
	y las tus mujeres.	

Doña Sancha   Vamos;
                       que si nuestra gente armamos
                       de chuzo, dardo y ballesta,
                       no llegarán, de pavor.   660

Sol   ¿Y los amorosos lloros?

Doña Sancha   En oyendo nombrar moros,
                       no se me miembra de amor.

(Vanse.)

(Alcázar de León.)

(El Rey, con corona en la cabeza y cetro en la mano; Teudo, con un pendón; Nuño Osorio, con una espada desnuda al hombro; Meledón, acompañamiento.)

Teudo   Pósate, gran Alfonso, en la tu silla,
                       y toma posesión del tu palacio.   665
                       Vuestra lealtad me honora y maravilla.

Nuño Osorio   Toma aqueste pendón, divina rama
                       del tronco de Pelayo generoso,
                       con que ganó ciudad de tanta fama.

Rey Alfonso   Donándomele vos, el buen don Nuño,   670
                       no puede ser que yo no le levante

            con la cochilla que a mi lado empuño.
            Fago voto solene a las relicas
            y a la casuella santa de Ilefonso,
            con todas las demás santas y ricas,   675
            de procurar ponerle en riba el Tajo,
            porque espante los moros andaluces,
            sin perdonar cansancio ni trabajo.
            Este león salió de la montaña,
            magüer que no se crían en Asturias;   680
            y así, suspira por salir de España.
            En África los hay; allá sospecho
            que volverá, no digo que vencido,
            mas a triunfar con vitorioso pecho.

(Suero, dichos; después, Audalla.)

Suero   Un moro cordobés, llamado Audalla,   685
                     embajador del Almanzor, te pide
                     le des licencia.

Rey Alfonso   Bien podemos dalla;
                     que oír al enemigo nunca impide.

(Vase Suero y vuelve con Audalla.)

Audalla   Dame tus reales pies.

Rey Alfonso   Levanta, Audalla, del suelo;   690
                     que tu fama y tu embajada
                     te dan a mi lado asiento.

Audalla   Por tal merced y favor
                     otra vez los pies te beso.

Rey Alfonso	¿Cómo queda nuestro amigo Almanzor?	695
Audalla	No queda bueno.	
Rey Alfonso	¿Viéneslo tú?	
Audalla	A tu servicio; y por Alá, que me huelgo de verte, Alfonso, en estado de tan dichosos sucesos.	700
Rey Alfonso	Mercedes a mis vasallos; que, después de Dios, les debo este lugar en que estoy, y esta paz en que me veo. ¿Qué es lo que manda tu rey?	705
Audalla	Alfonso, en breve te quiero dar cuenta de mi venida. Ya sabes que aqueste reino posees con justas parias y con reconocimiento debido al rey mi señor	710
Rey Alfonso	No por mi culpa, a lo menos, sino de algún home indigno que tuvo a traición el cetro.	
Audalla	Culpa de quien fuere, en fin, Alfonso el Casto, yo vengo por las cien doncellas; traigo de resguardo para esto quinientos homes no más,	715

	que con trabajo sustento,	720
	por ser áspera Castilla,	
	y porque traigo decreto	
	que ahorque al home que hiciere	
	mal a hidalgo ni a pechero.	
	Desto podrás colegir	725
	que traigo justo deseo	
	de que luego me despaches;	
	que quiero volverme luego.	
Rey Alfonso	Confieso que en este punto	
	quisiera más por los cerros	730
	de las Asturias heladas,	
	con abarcas de pellejos,	
	guardar diez pobres ovejas,	
	y romper terrones secos	
	con la reja del arado,	735
	que la corona que tengo.	
	Tomalda allá; que no es justo	
	que cubra indignos cabellos	
	de rey que por esto pasa.	
	No es, el mi Alfonso, tiempo	740
	de hacer esas mofinas.	
Rey Alfonso	Pues ¿cuándo más tiempo, Teudo?	
Nuño Osorio		
(Aparte al Rey.)	No te apasiones así	
	delante del mandadero	
	de Alimanzor, sino dile	745
	que espere afuera, que cedo	
	la respondida darás;	
	que no es bien que esté dentro	
	de tu consejo el morico,	

	que diga allá tu consejo.	750
Rey Alfonso (Aparte a Nuño.)	(Pláceme, Nuño, en buen hora; pero no te adarves desto; que soy home, y no soy piedra, y ellas hacen sentimiento.) Salte, honrado moro, afuera mientras la respuesta acuerdo.	755
Audalla	Mira bien que no te engañen consejos de homes soberbios. Cien mil moros en campaña puede Alimanzor, mi dueño, poner en un mes, que pasen la Sierra-Morena fieros; homes que al arzón colgado llevan el pobre sustento, bizcochos, dátiles, higos y bolsas de agua, de cuero; que con el cordón alcanzan de cualquier corto arroyuelo, caminando, la bebida, con que más fuertes y recios que vosotros con el vino, sobre el mismo arzón durmiendo, caminan, sin apearse, cincuenta leguas y ciento.	760 765 770
Rey Alfonso	Ya conozco lo que valen, y ellos a nosotros.	775
Audalla	Creo, rey, que aunque es de tu enemigo,	

	has de tomar mi consejo.	

(Vase.)

(Los mismos, menos Audalla.)

Nuño Osorio	¡Por los huesos de mi padre,	
	que se me pasman los huesos	780
	de ver que hable este moro	
	donde hay tantos homes buenos!	
	Y que, a no venir de paz	
	y salvaguarda en efeto,	
	que le diera una puñada	785
	que le fundiera los sesos.	
Rey Alfonso	¿Qué os parece, hidalgos, que hagamos?	
Teudo	A la fe, gran señor, pagar las parias,	
	pues tan sin armas y sin gente estamos,	
	cosas a la defensa necesarias.	790
	Si las parias al moro le negamos,	
	correrías hará por partes varias,	
	pagarán los cuitados que no deben,	
	y por ciento, haréis que dos mil lleven.	
	No es de responder soberbia alguna;	795
	que no semejan bien los soberbios	
	de flacas fuerzas y menor fortuna,	
	opuestas a los homes poderosos.	
	No apruebo, no, negarle vez ninguna;	
	que fuera fecho de homes aviltosos;	800
	mas sea cuando estemos bien seguros	
	de defensar las vidas y los muros.	
Nuño Osorio	No sé, Teudo valiente, cómo puedes	

41

| | fablar en que se rindan parias tales. |
| | ¡Tú pasas por tal cosa! ¡Tú concedes   805
| | que estas hembras padezcan tantos males!
| | No tienes tú de quien quejoso quedes,
| | pues de la paz con deshonor te vales.
| | No fijas, no hermanas; que a tenellas,
| | cuidaras de negar las cien doncellas   810
| | ¿Morir no es mejor ganando fama
| | que no perder la que mancharte quieres?

Teudo   Osorio, esto razón de Estado llama
                que en lo demás en nada me prefieres.

Nuño Osorio   Cien mujeres ¿es bien para la cama   815
                de un moro vil?

Teudo   ¿Qué importan cien mujeres,
                si por negallas mueren cien mil homes?
                Eso es soberbia, que es razón que domes.

Nuño Osorio   ¿Cien mujeres no importan?

Teudo   Si en la casa
                de cualquier vecino ves, Osorio,   820
                nacer más hembras que varones, pasa
                por este daño, pues es bien notorio
                hartas mujeres quedan. Ésas casa;
                que no harás tan presto desposorio,
                cuando paran después otras mujeres,   825
                que parirán después cuantas quisieres.
                Si el moro desde Córdoba camina,
                robando las ciudades y lugares
                y ésta nos pone en mísera ruina;
                por ciento ¿es bien que tantas desampares?   830

	El valor de los homes imagina,	
	y en el de las mujeres no repares.	
Nuño Osorio	Antes por una sola no cuidara	
	que cien homes el moro cautivara.	
	Digan tantas hazañas en historias	835
	el valor de las hembras en el mundo.	
Meledón	Y ¿no bastan, Osorio, las memorias	
	de aquella Cava, o cueva del profundo?	
	Alabo tu valor, y tus vitorias	
	lo dicen; pero en más justicia fundo	840
	que por esta vegada den las parias,	
	pues no hay las defensas necesarias.	
Rey Alfonso	Calla Nuño, por mi vida,	
	pues todos están de acuerdo	
	que por esta vez se den.	845
Nuño Osorio	Saldréme yo del consejo.	
Rey Alfonso	No harás, por vida de Alfonso;	
	antes endonarte quiero	
	al cargo de que las lleves.	
Nuño Osorio	¿Eso más?	
Rey Alfonso	No me consuelo	850
	si me pasa por tu mano.	
Nuño Osorio	En vez de favor, me has fecho	
	un castigo asaz cruel.	
Rey Alfonso	Féchense las suertes luego	

	de las cincuenta hidalgas.	855
Nuño Osorio	De puro pesar reviento.	
Meledón	Quinientas hidalgas hay, por lista que fizo Suero.	
Rey Alfonso	Pues traeldas, Meledón, y saque cincuenta un nieño,	860

para que Osorio las traiga,
y dé a sus padres consuelo;
que bien será menester
todo su valor y esfuerzo.
¡Hola, Vos llamad el moro. 865

(Van a avisar.)

(Audalla, los de antes.)

Audalla	A ver lo que acuerdas vengo.	
Rey Alfonso	Vergüenza, moro, me oprime;	

que no me cato denuedo
para decirte que estoy
atenido a malos hechos. 870
Sabe aquel Señor que pisa
los serafines más bellos,
y que cielo y tierra tiene
con tres soberanos dedos,
que quisiera que la muerte 875
collar hiciera a mi cuello
del filo de su guadaña,
antes que dar a tu dueño
cien ángeles inocentes,

     que en el su trono pidiendo   880
     estén justicia de mí.
     Lo demás, que yo no puedo,
     te dirán esos hidalgos.

(Vase.)

Audalla   Pues, hidalgos, ¿qué tenemos?

Nuño Osorio ¿Mírasme a mí?

Audalla   Pues ¿a quién?   885

Nuño Osorio ¡Pluguiera a Dios, mandadero,
     que hiciéramos los dos,
     sin arrogancias ni retos,
     un desafío en campaña,
     y que consistiera en esto   890
     el dar las parias o no!

Audalla   ¡Pluguiera a Dios, caballero!
     Que no soy de los que allá
     tienen mi nación en menos.
     Pero ¿quién eres?

Nuño Osorio   Yo soy   895
     Nuño Osorio.

Audalla   Basta.

Nuño Osorio   Tengo
     poco nombre por allá.

Audalla   Antes, de verte mancebo

| | me estoy admirando aquí
que eras viejo me dijeron. | 900 |
|---|---|---|
| Nuño Osorio | Siempre los homes famosos
parecen más presto viejos. | |
| Audalla | Yo soy Audalla Almelique. | |
| Nuño Osorio | Alguna noticia pienso
que tengo del nome tuyo. | 905 |
| Audalla | Y ¿no de mis obras? | |
| Nuño Osorio | Luego
te puedes partir, Audalla,
a tu escuadrón, que muy cedo
te llevaré cien doncellas;
que el rey quiere (¡ah santo cielo!)
que sea yo el que las lleve. | 910 |
| Audalla | Pues, Osorio, allá te espero;
y guárdete Alá. | |
| Nuño Osorio | No sé
cómo la espada detengo;
que este moro soberbioso
es la cabeza de aquellos
que han de llevar las doncellas,
y cuido que fuera bueno
darle cuatro cochelladas
por aquellos pestorejos,
con que hasta Córdoba fuera
rodando por esos suelos. | 915

920 |

Fin de la primera jornada

Jornada segunda

(Sala en casa de don García.)

(Don García, Sol.)

Don García	¿Dónde la mi fija está?
Sol	¿Ya no sabes dónde fue?
Don García	A peligro va.
Sol	¿Por qué?

Don García
Porque por el monte va;
y lo que yo le pedí   5
era defensar la casa
en tanto que el moro pasa;
que diz que se aloja aquí.

Sol
Tú, mí señor don García,
tienes culpa de sus mañas,   10
pues haciendo en las montañas
matanza en la morería,
a doña Sancha engendraste
tan fija de tu valor,
que luego que del rumor   15
de los moros la avisaste,
vino al solar de León,
y subiendo en una yegua,
por más de una grande legua
que tienes jurisdicción,   20
escorriendo con la lanza
y el acerado pavés,

	por todo el monte que ves	
	va haciendo seguranza.	
Don García	¿Quién fue con ella?	
Sol	Allá fueron	25
	armados los labradores,	
	de su ganado pastores.	
	Dos ballestas me pidieron	
	y dos buenos capacetes,	
	que saqué de tu armería.	30
Don García	Ya, Sol, no la nombres mía,	
	ni la mi edad inquietes.	
	Pasó el tiempo en que cubierto	
	de mallas fasta los pies,	
	o con el dorado arnés	35
	por somo del brazo abierto,	
	con solo asir el arzón,	
	si alguna memoria tienes,	
	me posara en los borrenes	
	de la silla del trotón;	40
	y que ¡ay de la escuadra mora	
	por donde colara el hierro,	
	(si en alabarme no yerro,	
	ende más caduco en sora)!	
	Que todos gritaban lugo:	45
	«¡Cata, que va don García!»	
	Mas llegó la vejez mía	
	cuando al tiempo veloz plugo,	
	y está en las venas heladas	
	de tal guisa aquel calor,	50
	y tan opreso el valor	
	de mis hazañas pasadas,	

                    que aunque agora me ciñera
                    la espada, y no la colgara,
                    no cuido que la sacara   55
                    de la vaina, aunque quisiera.
                    pues a la fe, que solía
                    dar tan buenas cuchilladas,
                    que un home hasta las quijadas
                    por el celebro partía.   60

(Doña Sancha, con un peto o jaco de malla y una lanza, y una banda colorada; Toribio y Pascual, con ballestas y morriones; dichos.)

Doña Sancha   ¿Por mí, pregunta el mío padre?

Don García   ¿Es mi fija?

Sol   ¿No la ves?

Don García   No hay gusto que me des
                    ni que con mis años cuadre,
                    como verte con valor,   65
                    ya que no fui venturoso
                    que fueras fijo famoso,
                    y no hembra de labor.
                    Aunque no te niego el miedo
                    con que de tu daño estoy.   70

Doña Sancha   Segura en tu sangre voy,
                    que ser ferida no puedo.

Don García   ¿Qué has fecho?

Doña Sancha   Una vista di
                    a la escuadra de ese moro,

	sin que aviltase el decoro	75
	con que tu fija nací.	
	Ende más, que no salieron	
	ni a mí ni a los tres criados;	
	que, del ganado arredrados,	
	tienda en el valle hicieron.	80
Don García	Yo tengo un poco que quiero	
	a solas fablar contigo.	
Doña Sancha	Si no ha de haber testigo...	
	¡Hola!, tomad este acero,	
	y colgadle en la armería,	85
	y en el lancero posad	
	este fresno, y aguardad	
	en fuera, por vida mía.	

(Vanse Sol y los criados.)

(Don García, doña Sancha.)

Don García	Fija, yo tengo ya bastantes años	
	para cuidar en la vecina muerte;	90
	que, como con el tiempo el edificio	
	se va desmoronando, y es indicio	
	de que amenaza ya total ruina,	
	así en la edad la muerte se avecina.	
	Cuando destas paredes, de humo llenas,	95
	se van cayendo a tierra las almenas,	
	no me permitas, no, morir sin gusto;	
	que cuido que en la muerte haberle puede,	
	cada que un padre muere consolado	
	de que deja sus fijos en estado.	100
	Téngote sola a ti; luego tú sola	

	eres mi pensamiento.	
Doña Sancha	Nunca he sido desobediente, ¡oh padre!, a tus quereres. ¿Qué estado al tu placer donarme quieres?	
Don García	El de casada, fija de míos ojos,	105
	para que el abolengo de mi casa,	
	ya que no se dilate por varones	
	del apellido de León, leones,	
	se destiendan por hembra tan leona,	
	que más hace honoranza que baldona.	110
	Es Laín un hidalgo bien sesudo,	
	home de pro para la paz y guerra,	
	y que tiene solar en muesa tierra.	
	Los Laras son famosos caballeros,	
	y este mancebo escurre de su alcurnia	115
	atán derechamente como debe.	
	Yo traté su buen padre, Sancho Lara,	
	y fuimos a la guerra de Galicia	
	habrá cuarenta y nueve o cincuenta años,	
	y aun aquella vegada francamente	120
	me dio la su cochilla, que estimaba,	
	con unos talabartes carmesíes.	
Doña Sancha	No te alueñes agora del sujeto,	
	que si te miembras de tus mocedades,	
	no finarás la habla en todo el día.	125
Don García	Pues digo que Laín es noble y rico,	
	tan bien acostumbrado y vergonzoso,	
	que me ha jurado, fija, en su conciencia,	
	que no ha conocido hembra alguna,	
	y pasa de treinta años, que no es poco,	130

51

	según está la edad, pues ya los homes de veinticinco o veintiséis se alaban de que tienen amores con las hembras; que es lástima de ver cuál está el mundo.	
Doña Sancha	Laín tiene las partes y virtudes de que tú le acompañas; yo no quiero responder como hembra libertada. Dale, bien que tasadas, esperanzas; que yo diré, señor, de aquí a seis meses mi voluntad; que no es largo plazo.	135 140
Don García	Respóndate mi gozo y este abrazo. Voy contento en extremo; pero advierte que no te enfades si viniere a verte.	
(Vase.)		
Doña Sancha	Tamaña desaventura por hembra no sucedió. ¡Sol! ¡Hola, Sol!	145
(Sol, doña Sancha.)		
Sol	Aquí estó.	
Doña Sancha	Ferida estoy de tristura.	
Sol	¡Mal hubiera, la mi Sancha, la poridad del tu padre! ¿Qué te habló que no cuadre?	150
Doña Sancha	Hacer la fuesa muy ancha es desquillotro además	

	de quien ha dicha pequeña;	
	y hacerla cuando nieña	
	asaz le conviene más.	155
	El mío padre, Sol, me fuerza	
	a casarme con Laín.	
	Pedí seis meses, a fin	
	de que mi gusto no tuerza,	
	y porque en ellos podría	160
	otra cosa suceder.	

Sol   No has de ser su mujer,
                si más que Jacob porfía.

Doña Sancha   Yo te lo juro, mi Sol;
                que Nuño Osorio es mi esposo.   165

Sol   No hay home tan famoso,
                ni tan gallardo español.

Doña Sancha   ¡Ay Sol, que estoy mal ferida!
                ni duermo ni como ya.

(Laín, Toribio, dichas.)

Toribio   Sola, aunque con Sol, está,   170
                que es la su prima querida.

Laín de Lara   Es día Sancha, y sereno
                no estuviera sin Sol,
                aunque de tanto arrebol
                para mis mudanzas lleno.   175
(Retírase Toribio.) Sancha, el tu padre me ha dado
                licencia que te visite,
                cada que amor lo permite

en fucia de desposado.
No me trastuernes la faz 180
por esquivanza de honor;
que no deslustra el valor
aquello que al dueño praz.
Da licencia a que te den
los homes de mi solar 185
un presente, de estimar
por la voluntad también;
que yo la he compuesto ufano
en cestas de mimbres hoy,
si tan favorito soy 190
que pongas en él tu mano.
Nueces y avellanas nuevas
en sus cárceres, tan blandas,
que si partir se las mandas,
aunque a tus perlas te atrevas, 195
se las puedes confiar
sin pavor de que las dañen;
y éstas quise que acompañen
las piñas del mi pinar,
toda la cáscara enjuta, 200
y de tal guisa, que luego
que las arrimes al fuego,
te darán su blanca fruta.
Viene más un lindo escriño
de pechiabiertas granadas, 210
de jazmines coronadas
para más hermoso aliño;
que si no te fago agravios,
semejan (no te amohínes)
los granos y los jazmines 215
a tus dientes y a tus labios.
Viene un cabrito manchado

	de tal guisa pieza a pieza,	
	que sola Naturaleza	
	le pudiera haber pintado;	220
	y para que no me tache	
	nadie de vil amador,	
	en un cincho de color	
	un Santiago de azabache.	
	Mas todo es poco, a la fe,	225
	para tu gran señorío,	
	y más si pierde por mío:	
	que nunca yo te agradé.	
Doña Sancha	Laín, a mi padre amado	
	debo yo ser obediente,	230
	no cuando forzarme intente	
	a tomar sin gusto estado.	
	Estoy lejos de pensar	
	en matrimuños agora.	

(Vase retirando.)

Laín de Lara	Pues ¿por qué te vas, señora,	235
	y no me quieres fablar?	
	Aguarda, percata un poco	
	la fiera cuita en que yago;	
	ca no de tamaño estrago	
	guariré menos que loco.	240

(Vase doña Sancha.)

(Laín, Sol; Toribio, retirado.)

Laín de Lara	¿Has visto, Sol, qué rigor	
	y qué enemiga me tiene?	

	Hembra palaciana viene	
	a ser villana en amor.	
	¿Dígola yo caloñeros	245
	los mis amores a Sancha?	
Sol	A la fe, Sancha se ensancha	
	de ver que son verdaderos.	
	Y tú asaz tienes cumplido	
	el castigo que mereces:	250
	haces presentes de nueces,	
	que no es ál que roído.	
	Ma Dios, que si yo tuviera	
	zarafuelles de varón,	
	que yo buscara ocasión	255
	en que no me la debiera.	
	Mientras plañes se te engríe,	
	dalle donas la empeora;	
	que nunca la hembra llora	
	sino cuando el home ríe.	260
	Muda en otra el tu querer,	
	y verás si finge o no.	
Laín de Lara	Y ¿adónde fallaré yo	
	a tan pulida moller?	
Sol	¿Seméjote muy grosera?	265
	¿No te parecen mis bríos,	
	si no pierden por ser míos,	
	para que les des celera?	
Laín de Lara	Si tú quieres, mi Sol bella,	
	yo la haré despertar.	270
Sol	Digo que te quiero arriar,	

	emporque te vengues della.	
Laín de Lara	De hoy más soy el tu galán.	
Sol	Y yo soy la tu galana ven a hablarme mañana: ¡Verás qué celos le dan!	275
Laín de Lara	Voy contento, porque cuido que le habemos de dar pena.	
Sol	Dios te dé ventura buena.	

(Vase Laín.)

(Toribio, Sol.)

Toribio	No me despraz el descuido.	280
Sol	Toribio, ¿aquí estabas?	
Toribio	Sí, y el tu concierto escuché. ¿Quieres a Laín? Bien sé que te denuestas de mí. Pues hidalgo soy asaz, si bien pobre labrador	285
Sol	Que tú no sabes de amor. haciendas faz.	
Toribio	¿No sé de amor? No se cata amor de gente grosera.	290

	Voy a cuidar mi espetera;	
	que ha de estar como una prata	
	enantes de anochecer.	

(Vase.)

(Toribio, solo.)

Toribio	¡Prega a Dios, ya que me pones	
	en tales obligaciones	295
	cual nunca pensé tener,	
	pues te llego a maldigar	
	siendo de mí tan amada,	
	que el agua que está posada	
	en las llares del hogar,	300
	tan herviente caiga en ti,	
	que las manos te chamusques;	
	y que si la frida busques,	
	no parezca por allí!	
	¡Quiebres catorce escodillas	305
	y seis pratos gallineros,	
	y a poder de moros fieros	
	vayas con las cien doncellas.	

(Doña Sancha, Toribio.)

Doña Sancha	¿Fuese ya el cansancio mío?	
Toribio	Ya tu cansancio se fue,	210
	aunque ya no hay por qué	
	facelle atanto desvío;	
	que Sol, la tu grande amiga,	
	le quiere, y delante mí	
	le enseñó a tenerte a ti	215

	homecillo y enemiga.
Doña Sancha	¿Sol?
Toribio	La miesma; que ferida
de amoricos de Laín,
fa zorroclocos a fin
de ser de Laín querida.   220
¡Ma Dios, que si no me fuera
por vergüenza de señor,
que no fuera labrador,
y a ser soldado me fuera!
Que a quien tanto Sol le ha dado   225
bien se le puede llamar,
y sueldo del rey tirar
atañe a hidalgo honrado.
Y aun quizá no me verán
en el solar esta noche,   230
porque cuando el Sol se abroche,
tendré señor capitán.
A pedir licencia voy
a señor para la guerra;
no quiero estar en la sierra,   235
pues a dos soles estoy.

(Vase.)

(Doña Sancha, sola.)

| Doña Sancha | En libertanzas de soltera vida
pasé lo joven de mis verdes años,
enojos hice al tiempo, a amor regaños;
que no me tuvo por jamás rendida.   240
Cuidaba yo que era pasión fingida |

	cuando sentía encaramar sus daños.	
	¡Cuitada! ¿Qué haré?, que mis engaños	
	me llevan a la muerte de corrida.	
	Habla de amor quien su rigor no sabe,	245
	y con el sabio el ignorante arguye;	
	mas guarde el corazón que no le trabe.	
	Pero si al tiempo el tiempo restituye,	
	¿de qué sirve fair?, que amor es ave,	
	y alcanza con las alas a quien huye.	250

(Tello, doña Sancha.)

Tello	Perdonad si me colé,	
	dueña, sin vuesa licencia;	
	que en la tan linda presencia,	
	serlo del solar se os ve.	
	Hágovos ende mesura;	255
	y si tengo perdonanza	
	(que de buenos bien se alcanza),	
	pescudo a vuesa hermosura	
	si está acaso en el solar	
	don García de León.	260
Doña Sancha	No ha sido yerro, no,	
	si venides a buscar	
	el mío señor, escudero.	
	Mas de qué parte decid.	
Tello	De aquel tan famoso, ardid	265
	y montañés caballero,	
	don Nuño Osorio.	
Doña Sancha	¿De quién?	

Tello	De don Nuño.	
Doña Sancha	¡Santo Dios! ¿Servís a don Nuño vos?	
Tello	Y los míos padres también a los suyos les sirvieron.	270
Doña Sancha	Escudero, que bien hayas, y de bien en mejor vayas cual siempre los buenos fueron, escucha una puridad.	275
Tello	Yo vos, señora, prometo de tenérvosla secreto. No hayáis temor, hablad.	
Doña Sancha	Ese tu Osorio galán, ¿qué dueña sirve en León de las muchas que afición a su mesura tendrán? Que asaz es home pulido, y a pie y a caballo airoso.	280
Tello	Dama, que hayades reposo con bien andante marido, yo sé todos sus secretos, y nunca le vi querer ni amoricos hacer, ni otros quillotros y efetos; que la guerra no le ha dado tanto vagar, que pudiese amar quien le mereciese, de muchas que le han amado.	285 290

Doña Sancha	Doyte esté anillo.
Tello	¿Por qué? 295
Doña Sancha	Porque el hidalgo guerrero
no ha de ser amorero;
que pierde mucho, a la fe.
Y porque soy inclinada
a las armas, me dio gusto   300
saber que un home robusto
no semeje hembra en nada.
Tello	Por la Cruz vera, señora,
que, como acá me he tardado,
él se ha cansado y se ha entrado.   305
Doña Sancha	Bien fizo, y venga en buen hora.

(Nuño, dichos.)

Nuño Osorio	Tello, que Dios haga mal,
¿parécete buen servir
dejarme afuera gañir
en los poyos del portal,   310
y estarte en conversación?
Tello	Cuando veas con quién fue,
disculparásme, a la fe.
Nuño Osorio	Cato que tienes razón,
y aun afirmo que te suebra.   315
Perdonad, señora mía,
si mi corta cortesía

	la vuesa prática quiebra;	
	que a saber que departiendo	
	con Tello estábades vos,	320
	no vos hiciera a los dos	
	con la mi venida estruendo.	
	Bien cuido que sois la fija	
	de don García; que es claro,	
	porque no querrá tan raro	325
	valor que otra alma le rija.	
	Tenedme por Servidor,	
	y dadme las vuesas manos.	
Doña Sancha	Efetos tan palacianos	
	son fijos de tal valor.	330
	Soy quien cuidáis, y muy vuesa	
	por vuesa buena opinión,	
	de que dais satisfacción	
	como el talante lo muesa.	
	De hoy más aqueste solar,	335
	de vuesa persona honrado,	
	tendrá el nome confirmado	
	con que le suelen nombrar.	
	Es su apellido León,	
	de godos que vienen dél;	340
	y hoy, que vos estáis en él,	
	le donáis confirmación.	
	Mucho holgará el buen viejo	
	de mi padre, don García,	
	de veros; que fue algún día	345
	en paz y guerra parejo,	
	y vos tiene voluntad.	
	¿Íbades a caza acaso?	
	Porque no es este paso	
	camino de la ciudad.	350

	Como quiera que haya sido,	
	habéis de dormir aquí;	
	que si no por él, por mí	
	lo haréis, pues yo lo pido;	
	que por hembra no seré	355
	mal baldonada de vos.	
Nuño Osorio		
(Aparte.)	No sé qué diga, ma Dios:	
	pues ¿qué diré, si no sé?	
	¿Es posible que ésta era	
	doña Sancha de León?	360
	Alterado el corazón,	
	puya por salir enfuera.	
	qué gallarda hidalga,	
	y rica hembra, además!	
Tello		
(Aparte a Nuño.)	¿Qué tienes que tal estás?	365
Nuño Osorio	No lo sé, ¡que Dios me valga!	
	Cata, ¡qué facciones bellas!	
Tello	Mirada y mirando admira;	
	que parece que si mira	
	hace en el alma cosquillas.	370
Nuño Osorio	¡Mal haga Dios al morico	
	que por las parias llegó!	
	No el rey que me envió;	
	que viva a Dios le suplico.	
	Pero no tuvo razón	375
	de darme este cargo a mí.	
	Pero, pues leal nací,	

	ánimo, buen corazón.	
	No cuidéis en esto más;	
	haced lo que os manda el rey,	380
	pues que los vuestros su ley	
	no la entortaron jamás.	
	Aunque me muriera, Tello,	
	por esta hembra atán linda,	
	que no hay alma que no rinda	385
	desde la planta al cabello,	
	no hiciera cosa indina	
	de home Osorio, como so.	
Tello	Cipión, Nuño, dejó	
	fama en el mundo devina,	390
	solo por ser continente	
	con la dueña de Cartago.	

(Don García, dichos.)

Don García	Si a los vuesos pies no yago,	
	no hay ál que me contente.	
Nuño Osorio	Manténgavos Dios, amén;	395
	que la vuesa senetud	
	a la mía juventud	
	no debe acoller tan bien.	
	Tenedos en pie, García;	
	no vos finquéis de hinojos.	400
Don García	No cuidaba que míos ojos	
	vieran tan alegre día.	
	¡Nuño Osorio en la mi casa!	
	¿Tanto bien en mi solar?	
Nuño Osorio		

(Aparte a Tello.)	Creciendo va mi pesar,	405
	la causa adelante pasa.	
	No sé cómo reprimir	
	las lágrimas, viendo al viejo,	
	pues vengo a quebrar su espejo.	
Tello	No se lo cuides decir	410
	fasta la noche pasada.	
	Salga el Sol, y a la partida	
	con tan fiera despedida	
	le pagarás la posada,	
Nuño Osorio	García, por ser ya tarde,	415
	no vos digo a lo que vengo:	
	mañana partirme tengo;	
	que no hay tiempo que aguarde.	
	Madrugad, y hablaremos	
	en la hacienda mayor	420
	que ha tenido el nueso honor	
	empós que a España tenemos.	
Don García	Cada que vos me queráis,	
	me fallaréis, el mi Nuño;	
	que agora no vos repuño	425
	en cosa que me mandáis.	
	Aunque quisiera saber	
	qué negocio vos traía.	
Nuño Osorio	De vuesa fija, García;	
	que no vos quiero tener	
	toda la noche suspenso.	430
Don García	Ahora bien, a cenar vamos;	
	que después a tiempo estamos.

Nuño Osorio	Mandad que fechen un pienso	
	a los caballos no más;	435
	que no yantaré bocado,	
	porque vengo mal guisado	
	y fatigoso además.	
Doña Sancha	No hagáis al padre mío	
	ese tuerto, en no yantar.	440
Nuño Osorio	No es justo caloñar	
	mi desgana por desvío.	
	Mataráme cena alguna.	
Doña Sancha	Una conserva no más.	
Nuño Osorio	No acostumbro jamás	445
	el yantar cosa ninguna	
	cuando me siento cual veis.	
	No me hagáis que me dañe.	
Don García	Pues, fija, a vos os atañe	
	que el lecho a Nuño poséis.	450
	Entrad, y en la cuadra mía	
	le haced al caballero,	
	y en la sala al escudero.	
Doña Sancha	Yo voy. ¡Qué grande alegría!	
	Toda voy regocijada	455
	¡Sol, Leonor, Elvira, Inés!	
Nuño Osorio	Descansaré; que después	
	vos diré la mi jornada.	

Don García	¿Cómo está el rey, que Dios guarde,	
	y en su servicio mantenga?	460
Nuño Osorio	Bueno en su real hacienda,	
	haciendo en vistoso alarde	
	de grandezas y virtudes,	
	igrejas y monasterios.	
Don García	dele, Dios tantos imperios,	465
	tantas honras y saludes	
	como hay en un campo aristas	
	a las que el trigo sazona,	
	y a su guarnida persona	
	felicísimas conquistas.	470
	A su buen padre alcancé,	
	en las sus guerras serví,	
	sus hermanos conocí,	
	y en sus discordias me hallé.	
	¡Gracias a Dios, que Bermudo	475
	la cogulla se posó	
	y el Evangelio cantó!	
	bien fizo, reinar no pudo.	
	Yo testigo de la misa	
	del obispo de León.	480
Nuño Osorio	Cuando tan noble blasón	
	padres de tan alta guisa	
	no vos hubieran donado,	
	vuestras hazañas atales	
	las conquirieran iguales.	485

(Leonor, dichos.)

Leonor   El lecho está ya posado,

	y otro tal al escudero.	
Don García	Entrad, Nuño, a descansar.	
Nuño Osorio	Licencia me podéis dar: sumirme en el lecho quiero, porque vengo muy cansado.	490
Don García	Hágavos Dios venturoso.	
Tello (Aparte.)	Cuanto hay en casa es hermoso. La nieña me pone agrado.	

(Vanse Nuño y Tello.)

(Don García, Leonor.)

Don García	¿Qué posaron en el lecho de Nuño?	495
Leonor	Atán linda ropa, que no hay lavada copa que así lluzga fasta el techo. Las coberturas de red, ya las sabes cuáles son, que el miesmo rey de León las tuviera por merced. De almaizares de moricas posaron el rodapié, las almohadas no sé que puedan ser atán ricas. Labradas todas están de pinos de oro y seda: no es más linda la rueda	500 505

	que hace el pavón galán.	510
	Hay dos frazadas de lana	
	con seis listas de colores,	
	que en ellas cuidando flores	
	puede salir la mañana.	
	El cobertor, a la fe,	515
	es tan luengo, que pudiera	
	vestir tu casa, aunque fuera	
	como la del rey se ve.	
	Las sábanas bien serán	
	buenas, en casa filadas,	520
	ende más, tan perfumadas	
	con mil yerbas de San Juan.	
Don García	Hágate Dios bien andante.	
	Vete a servir.	
Leonor	Guárdeos Dios.	

(Vase.)

(Doña Sancha, don García.)

Doña Sancha	Ya se sumieron los dos.	525
	La luz les quité delante,	
	aunque asaz se dormirán;	
	que el cansancio los acucia.	
Don García	Sancha, yo tengo fiucia	
	que grande bien nos traerán.	530
Doña Sancha	Si fuera merced del rey,	
	que asaz es de mercendero,	
	no cubriera el mandadero	

	la nueva, ni fuera ley.	
	Otra cosa, padre mío,	535
	se me ha puesto en el caletre,	
	ni es mucho que la penetre	
	de sus razones y brío.	
Don García	Estoy en tu pensamiento.	
	Mas ¿que se viene a casar?	540
Doña Sancha	¿Quién lo pudo caletrar	
	mejor que tu entendimiento?	
	La vergüeña, las colores,	
	la dilación en fablar,	
	todas daban a cuidar	545
	que eran quillotros de amores.	
	¿No le viste atán turbado?	
Don García	Extiéndese por León	
	de tu virtud la opinión.	
Doña Sancha	En las fiestas padre amado,	550
	me debió de ver Osorio:	
	y como soy belicosa,	
	y la su espada famosa	
	la faz al mundo notorio,	
	fuera de ser tu valor	555
	de todo el mayor testigo,	
	querrá emparentar contigo.	
Don García	Yo he conocido el su amor,	
	y aun he conocido el tuyo,	
	y quizá con este fin	560
	no puedes ver a Laín.	

Doña Sancha	De Laín de Lara huyo,
	porque no me causa agrado.
	Hazme atamaño placer,
	que des, a Nuño a entender 565
	que entendiste su cuidado;
	que él quizá con la vergüeña
	no se atreve a declarar,
	Y si se vuelve al lugar
	sin dar de su intento seña, 570
	perderemos la ocasión.
Don García	Más que tú le estimo y quiero.
Doña Sancha	¡Éste sí que es caballero
	heredar tu blasón!
	Pon el famoso cuartel 575
	de sus aspas y sus lobos
	pon tu león, harán robos
	en el pagano cruel.
Don García	Tú, departiendo en tu amor,
	no miras, hembra liviana, 580
	que se viene la mañana.
Doña Sancha	Pues entra a dormir, señor,
	y al salir del Sol acude.
Don García	No hay hembra que no apetezca...
Doña Sancha	¡Oh, prega a Dios que amanezca 585
	aun antes que me desnude!

(Vanse.)

(Vista exterior de la casa de don García.)

(Laín, de noche; Tomé, músicos.)

Laín de Lara	No acordéis los estromentos ahora, fasta que requiramos sí por dicha están en poso todos los criados.	
Tomé	Si no salen a arar a los barbechos, dormirán como peñas a estas horas, porque de la salud el sueño es éste.	590
Laín de Lara	Yo temo que la noche se me acueste.	
Tomé	No cuido que atán cedo salga el alba.	
Laín de Lara	Tardé en venir desde el casar.	
Tomé	Es lejos.	595
Laín de Lara	Asomos dan allí de sus reflejos.	
Tomé	Engáñate el locero cuyos rayos hacen aquella espléndida clarura. Si no me miembro mal; mirando el Carro, no puede escracer en harto tiempo, porque está la Bocina asaz humilde.	600
Laín de Lara	Cantad, a ver si la cruel se asoma, que tan aviesos mis pesares toma.	
Músicos	Parióme mi madre una noche oscura, cubrióme de luto,	605

	faltóme ventura.	
	Cuando yo nací,	
	hora, fue menguada;	
	ni perro se oía	610
	ni gallo cantaba;	
	ni gallo cantaba,	
	ni perro se oía,	
	sino mi ventura,	
	que me maldecía.	615
Laín de Lara	¡Oh, qué tristura tamaña!	
	El espíritu se me roba.	
	¿Quién fizo tan mala trova?	
Un Músico	Un home de la montaña,	
	que es asaz endechador	620
	y palaciano además.	
Laín de Lara	No me la cantedes más;	
	cantadme trovas de amor.	

(Celín, Amir, moros, dichos.)

Amir	En aqueste casar habrá ganado.	
Celín	Pues llegad con secreto, no nos sientan;	625
	que si se quejan al famoso Audalla	
	los labradores que estas casas viven,	
	y nos manda colgar de aquestos pinos,	
	seremos para siempre sus vecinos.	
Amir	Pues si nos tiene Audalla en este monte	630
	alojados tan mal, mientras se llegan	
	las parias (que no es mucho que se tarden,	

	pues por lo menos buscan cien doncellas), ¿qué quiere que comamos sus soldados?	
Celín	Aquí cerca hay corrales de ganados.	635
Laín de Lara (Aparte a un criado.)	Por el caldero santo de que saca, Tomé, las hisopadas nueso preste, con que el agua bendita nos arroja, que anda gente puyando las paredes.	
Tomé	¿Por las paredes puyan?	
Laín de Lara	¿No lo catas?	640
Tomé	El hierro saco, vive Dios.	
Laín de Lara (Alto.)	¿Qué gente?	
Amir (Aparte.)	Perdidos somos; estos son soldados.	
Celín (Aparte.)	Cristianos son que guardan sus ganados.	
Laín de Lara	¿No hablan?	
Tomé	¿Qué es fablar, si son fantasmas? ¿No veis los camisones?	
Laín de Lara	Sea quien fuere.	645
Tomé	Mueran, magüer que fuesen los dimuños.	
Amir (Aparte.)	Huir es lo mejor.	

Laín de Lara   Ya van huyendo.

Tomé   Dimuños son.

Laín de Lara   Pues lleven este tajo.

Tomé   ¿No ves los pies de gallo por debajo?

(Acuchillan a los moros, y vanse tras ellos.)

(Toribio y Pascual, con lanzones; después, Nuño y Tello.)

Toribio   ¡Aquí, señor, aquí; que andan ladrones!   650

Pascual   Si está ya levantado Nuño Osorio,
a fe que no se alaben de sus hurtos.

(Sale Nuño a medio vestir.)

Nuño Osorio   ¿Qué es aquesto, hidalgos? ¿Qué es aquesto?
¿Quién en tanta presura vos ha puesto?

Toribio   Ladrones, a la fe, que a los corrales   655
debían de acudir.

Pascual   Aquí hay señales.

(Sale Tello.)

Tello   ¿Qué es esto, el mío señor?

Nuño Osorio   Ya no es nada.
Acaba de vestirme; que ya el día
asoma por enriba de aquel monte.

Tello	Toma, señor, y la ropilla ponte.	660

Toribio Ladrones, y riñendo con espadas,
que hacían ladrar los nuesos perros,
y aun los que están en los vecinos cerros.

Nuño Osorio Sea quien fuere, no hayáis pavores;
que si solo el olor del nome mío 665
les dio, cuando llegaron a robaros,
eso solo bastó para que huyan.

Toribio Bien dices: no hay ámbar cual la fama,
fumo oloroso de divina llama.

(Don García, con espada y pavés; dichos.)

Don García Aunque ha días que dejé 670
dormir la espada en un clavo,
a un escándalo tan bravo,
ma Dios, que la descolgué
¿Qué es esto, fijos?

Nuño Osorio Huyeron
del corral unos ladrones. 675

Don García De los aceros los sones,
Osorio, ¿a qué efeto fueron?

Toribio Para los perros serían,
que salieron a morder.

Don García ¡Oh, nunca tengan placer! 680
¡Despertar los que dormían!

	Tornadvos, Nuño, a posar.	
Nuño Osorio	Ya, señor, estoy vestido, endemás que, amanecido, no me vuelvo a ensabanar.	685
Don García	Tomara yo cada día, la fe, destos retozos, para madrugar los mozos en esta hacienda mía. Idvos adentro los dos; que a Osorio quiero fablar.	690
Toribio	Posa, Pascual, que almorzar.	
Pascual	Eso te cale, ma Dios.	

(Vanse Tello, Pascual y Toribio.)

(Don García, Nuño.)

| Don García | Osorio, la vergüeña que has tenido anoche al allegar a mi posada, me ha fecho a mí tan libre y atrevido, por la licencia de la edad pasada. Mi fija y yo pensamos que has venido porque el valor de mi solar te agrada, y como estás mancebo, aun ser podría juntases tu hacienda con la mía. Yo, Nuño, lo tendré por bien andanza, y te daré las doblas más hermosas que ha visto el Sol, ni avara mano alcanza, y ganadas con armas hazañosas. Trigo no me las dio, mas pura lanza. | 695

700

705 |

	años ha ya que están guardosas;	
	mas no las cubre moho; que soy viejo,	
	y en contallas asaz lucias las dejo.	
	De Sancha de León, mi fija amada,	710
	no te quiero decir virtud ninguna.	
	soy padre, y tengo el alma apasionada;	
	que un madre le faltó desde la cuna.	
	Es hembra que se pone la celada,	
	y el mujeril tocado la importuna;	715
	no es tan laboriosa de vainillas	
	como de ver hacer un fresno astillas.	
	Es propia para ti, valiente Nuño;	
	que la podrás llevar como amazona,	
	con esta misma que desnuda empuño,	720
	para la defensión de tu persona.	
	No te hará, por esta cruz, rasguño	
	moro o cristiano en pos de la corona	
	del rey o el crego, que no haga enmienda,	
	demás de que te adama por su prenda.	725
Nuño Osorio	noble viejo don García,	
	a quien por padre respetan	
	todos los homes de pro	
	que ser hidalgos profesan:	
	más que para responderos	730
	mi helada y turbada lengua,	
	hora estaban los mis ojos	
	para plañir sus endechas.	
	No me basta el corazón	
	para que vos dé respuesta,	735
	habiéndole yo tenido	
	fuerte con homes y fieras.	
	Mas siendo, como es, forzoso,	
	sacaré de mi flaqueza	

una lengua de dolor 740
que vos pase las orejas.
Estando el mío rey Alfonso
firmando en la santa igreja
por rey de León y Asturias,
con tantas alegres fiestas 745
(que no estaba jurado
por las traiciones y guerras
que le echaron a Navarra
empués de muerto Fruela),
vino de Córdoba un moro... 750
¡Triste la su vida sea,
mohoso dardo le mate,
que no dorada jineta!
Vino como mandadero
del africano que reina 755
en la más parte de España
y en la más florida tierra.
¡Haya mal poso la Cava!,
que si ella doncella fuera,
no tributáramos nos 760
al África cien doncellas.
Por éstas vino, y el rey
fizo consejo en que hubiera
mayor mal si no templara
mi condición su prudencia. 765
Fueron Meledón Fernández,
Suero Díaz, Teudo Vela,
de parecer que se diesen,
y endespués también lo acuerdan
Nuño Velasco Velázquez, 770
Pero Ruiz, Sancho de Dueñas,
Amaro de Santibáñez,
y Ordoño Juárez de Albelda.

              Dicen que no era justo
              que estando León sin fuerzas,   775
              destruya la tierra el moro,
              viendo que el feudo le niegan.
              No pudieron hacer más;
              pero el rey hacer pudiera
              que no trujera yo el cargo   780
              que tanto dolor me cuesta.
              Las suertes sacó un rapaz,
              que no de diez años era;
              tocó a vuesa fija Sancha
              ser una de las cincuenta   785
              que se sacan, como veis,
              de la asturiana nobleza.
              Si me pesa, Dios lo sabe:
              y más agora me pesa,
              que me la dais por esposa,   790
              y que he visto que es tan bella.

Don García   ¡Yaga mi cuerpo triste en sepultura
              enantes que de aquí mueva las plantas,
              acompañen las fieras mi tristura
              y oscurezcan el Sol las luces santas,   795
              plañan la mi tamaña desventura
              los homes que han tenido fijas tantas,
              pues una sola, que en el alma adoro,
              la doy a Osorio, y él la lleva al moro!
              No debiera nacer home que nace   800
              para bañar a la vejez sus canas
              del agua que aún no tiene y que deshace
              de la nieve que ya las fizo ufanas.
              Conozco que mi muerte al cielo place:
              tal fincan a la fin glorias humanas,   805
              pues una fija, que era mi tesoro,

                        la doy a Osorio, y él la lleva al moro.

(Doña Sancha, dichos.)

Doña Sancha   ¿Qué es esto, el mi señor? ¿Qué cuita es ésta?

Don García   Mi fija, entradvos dentro; que no quiero
                     miraros a la cara atán apuesta,   810
                     si no es darme imagen, pues ya muero.

Doña Sancha   Gran mal vueso dolor me manifiesta.
                     ¿Qué vos ha dicho aqueste caballero?

Don García   Él no me ha dicho nada; mas yo lloro
                     que os doy a Osorio y que él os lleva al moro. 815

Nuño Osorio   Sancha, anoche no cené,
                     de dolor de mi embajada
                     La suerte vos ha caído
                     de las doncellas cristianas
                     Valor tenéis, si el valor   820
                     a tales desdichas basta.
                     Lo demás hablen mis ojos
                     con el llanto que los baña;
                     que no me ha cabido a mí
                     menos parte en la desgracia,   825
                     pues os pierdo y pues os llevo.
                     Ojos, hablad; lengua, calla.

Doña Sancha   ¿Tiene alguna hembra el mundo
                     con desventura tamaña?
                     En mal que plañen dos homes,   830
                     ¿qué haré, hembra cuitada?,
                     que parezco, puesta en medio

	de sus lágrimas amargas,	
	fuente de mármol, de quien	
	procede a los dos el agua.	835
	Romperé con tristes voces	
	la tela del cielo santa,	
	enterneceré sus luces.	
	¿Qué haré?	
Don García	No hagas nada
	mientras me voy a morir;	840
	que no te han de ver mis canas
	entre los brazos del moro.
Nuño Osorio	Si vuesa desesperanza
	me acorre de aquesta guisa,
	¡bien se hará mi jornada,	845
	bien saldré con el decreto
	de lo que mi rey me manda!
	No digo que no plañáis
	en desaventura atanta,
	mas que mostréis el valor	850
	que vuesa sangre acompaña.

(Vase don García.)

(Doña Sancha, Nuño.)

Doña Sancha	Si vos parece, don Nuño,
	que el entendimiento basta,
	no tenéis entendimiento.
Nuño Osorio	Bien lo cuido, doña Sancha.	855
	No me ganáis en hacer
	sentiduras en el alma,

83

	ya por feridas de amor,	
	ya por naturales ansias;	
	pero ¿qué remedio?	
Doña Sancha	Adiós;	860
	que un home que yo cuidaba	
	que fuera amor de mi vida,	
	ni como esposo me ampara,	
	ni como noble me obliga,	
	ni como, de ley cristiana	865
	por caridade me ayuda,	
	ni cual hidalgo, por armas.	
	¡Nunca yo te amara, Osorio,	
	nunca viera la tu cara,	
	nunca en tu mucha nobleza	870
	posara mis esperanzas!	
	¡Sol, Leonor, dueñas, doncellas!,	
	venid a mis almohadas;	
	haremos endechas tristes.	
Nuño Osorio	Aguarda, mi vida, aguarda.	875
Doña Sancha	No puedo mirarte, Osorio.	
Nuño Osorio	Tien razón, suébrale causa;	
	que quien hace lo que yo,	
	de piedra son sus entrañas.	

Fin de la segunda jornada

Jornada tercera

(Sala en casa de don García.)

(Don García; Toribio, de soldado.)

Don García	Ni en hechos de mis mayores,	
	ni en armas del mío blasón,	
	ni en mis alcurnias, que son	
	en Asturias las mejores,	
	he conocido, Toribio,	5
	ser mis valores atales,	
	como en ver que a tantos males	
	tenga la mi vida alivio.	
	Mas he oído decir	
	que los pechos que están llenos	10
	de diferentes venenos	
	suelen por eso vivir;	
	que en competencia reñida	
	sobre la jurisdicción,	
	no tocan al corazón,	15
	que es principio de la vida.	
Toribio	Suele en el acometer	
	ser de más violencia el mal;	
	que en después no es atal	
	que no se pueda sufrer.	20
	Mucho has fecho, y más harás	
	en esta despedidura;	
	si aquí la vida te dura,	
	no hay que decirte más.	
	Yo, como no he tenido	25
	corazón tan fuerte, en sora	
	para ir con mi señora	

| | de sueldado me he vestido.
                  Por lo menos la veré
                  fasta que al moro la entreguen.   30
                  Endespués mis ojos cieguen.

Don García   Y yo agora cegaré,
                  porque si la luz se va
                  que de mis ojos lo es,
                  ¿cómo tendré vista empués   35
                  que tan eclipsada está?

(Doña Sancha, de luto; dichos.)

Doña Sancha   No sé cómo comience
                  para pediros, el mío padre amado
                  (tanto dolor me vence),
                  la bendición, habiendo ya llegado   40
                  la mi triste partida.

Don García   Mejor dirás el fin de aquesta vida.
                  No tratemos agora
                  de nuesa desventura, que tratada,
                  la pena acuciadora   45
                  de la muerte cruel resta aumentada.
                  Pósate de hinojos,
                  y anegaránse en lágrimas mis ojos.

Doña Sancha   Védesme a vuesas prantas,
                  famoso don García: ia Dios pluguiera,   50
                  y a las ánimas santas
                  que llevó San Miguel de su hoguera,
                  aburadas en fuego,
                  que me matara ese cochillo luego!
                  ¡Oh, cuánto mejor fuera   55

	que me pasara el cuello, y no que un moro	
	al suyo me pusiera,	
	y que, contra mi ley y mi decoro,	
	vaya tal asturiana	
	a ser su denostada barragana!	60

Don García   Fija, no vos conviene
               el tolleros la vida el vueso padre.
               Lo que del cielo viene,
               pensad que no hay ál que más os cuadre.
               ¡Oh muerte!, el arco quiebra;   65
               que un gran dolor para cochillo suebra.
               Vos vais donde ha querido
               aquel cobarde y fiero Mauregato,
               que a nuesa sangre ha sido
               atán dañoso vendedor ingrato,   70
               y endespués los leoneses,
               que ya hacen de hembras sus paveses.
               Atended, fija mía,
               los míos consejos.

Doña Sancha   Ya vos oigo atenta.   75

Don García   Allá en la Morería
               saben quien sois, no vos harán afrenta.
               Casaros han con moro
               igual a vuestras prendas y decoro.
               En toda ley las leyes   80
               del matrimonio vos podéis guardallas.
               Moros hay muchos reyes:
               sabidas vuesas partes, por honrallas,
               reina seréis por dicha...
               Mal dije: reina, sí; mas por desdicha.   85
               haced al moro noble

                      que vos cupiere en suerte, fija amada,
                      que de su ley se doble
                      con caricias de amor; que si agrada
                      de vusco, no hay cosa   90
                      que no haga por vos, que sois hermosa.
                      Y el no le placiere,
                      la ley de Cristo sepan por lo menos
                      los fijos que tuviere.
                      Que por la vuesa parte son tan buenos.   95
                      La ley santa enseñaldos,
                      y cada que nacieren chapuzaldos.
                      Mosaldes la doctrina,
                      con lo que vuesa madre os enseñaba.
                      Mi vida ya camina   100
                      hacia la muerte, que el dolor bastaba;
                      pero si ascanzo alguno,
                      luego que dos tengáis, enviadme el uno.
                      Decilde, fija, al moro
                      que no perderá nada con su abuelo;   105
                      y el alto Dios que adoro
                      vos feche bendición desde su cielo,
                      tornando la mi mano:
                      magüer que no soy crego, soy cristiano.

Doña Sancha   Los vuesos pies os beso   110
                      por los consejos santos.

Don García   Fija amada,
                      lo que es razón os mueso.
                      Erguios, no estéis afinojada,
                      si no queréis ser pila   115
                      desta fuente, que lágrimas estila.

(Nuño, Vela, Anzures, Soldados cristianos, dichos.)

Nuño Osorio	No entré, con el pavor	
	que la vuesa despedida	
	me daba, noble señor.	
Don García	Nuño Osorio, en la partida	120
	crece el llanto y el dolor.	
	No sé qué vos diga ya,	
	tal la mi ánima está.	
	La vida lleváis con vusco,	
	la muerte resta con nusco,	125
	que el arco flechando va.	
	Yo no tengo qué os decir	
	sobre lo que hemos hablado,	
	ni de nuevo maldecir	
	al leonés deshonorado	130
	que atal pudo consentir.	
	Solo pienso que sería	
	no sin valor advertencia,	
	al donar la fija mía	
	a la morisca violencia	135
	este miserable día,	
	contalle su calidad	
	al capitán cordobés,	
	y decir que en su ciudad,	
	pues atán cumplida es	140
	de príncipes de su edad,	
	le den marido de quien	
	algún nieto la rescate,	
	y el mío solar también;	
	que pienso que faz remate	145
	en lo que míos ojos ven.	
	¡Cuán al revés pensé yo	
	que Osorio le prolongara,	

	cuando a mi casa llegó,	
	y que sus lobos juntara	150
	al león que ya finó!	
	Pero ya sus lobos son	
	de tan fiera condición,	
	que a ensangrentar su pelleja	
	llevan al moro mi oveja,	155
	sin defensalla el león.	
	Las parias en prata y oro,	
	en caballos y en halcones	
	paga el cristiano y el moro;	
	mas dar hembras los varones	160
	no es varonil decoro.	
	Cuando desta infame prueba	
	volváis, decildes por nueva	
	que quedo espantado acá,	
	no de Alfonso que las da,	165
	mas de Osorio que las lleva.	
Nuño Osorio	Aguardad, oíd, García;	
	no sin respondida os vais.	

(Vase don García.)

Vela	Fuese; que el dolor le guía.	

(Doña Sancha, Nuño, Vela, Toribio, Anzures, Soldados cristianos.)

Doña Sancha	Osorio, no lo tengáis	170
	de un padre a descortesía;	
	endemás que un gran dolor	
	tiene de poder fablar	
	licencia de embajador,	

Nuño Osorio	Ya es hora de caminar	175
	y de esforzar el dolor.	
	Yo no vos miro a la cara	
	por no tomar sentimiento.	
Doña Sancha	Aquí, Toribio, repara,	
	mientras puyo en el jumento,	180
	ya sin espuela y sin vara;	
	que fasta aquí solía ser	
	en los mis hechos varón,	
	y al caballo las poner;	
	mas ya que tan flacas son,	185
	voy como flaca mujer.	
	Al mío padre le dirás	
	que a la Virgen del Monte	
	diga diez miesas o más,	
	y luego a caballo ponte;	190
	que cedo me alcanzarás.	
Toribio	Yo haré lo que me ordenas.	
Doña Sancha	Ven, Osorio.	
Nuño Osorio		
(Aparte.)	Su valor	
	la sangre hiela en mis venas.	
Doña Sancha	Homes, no hayáis pavor,	195
	que a cobardes matan penas.	

(Vanse, todos, menos Toribio.)

(Toribio, solo.)

Toribio	A la fe, que si esto fuera	
	por armas de dos a dos,	
	y con Sancha las hubiera,	
	magüer que mujer, ma Dios,	200
	el moro no la collera.	
	¿no le cupiera a Leonor	
	esta suerte de doncellas?	

(Laín, con la espada desnuda y una rodela; Toribio.)

Laín de Lara	(Para sí. Pienso que es cierto el rumor;	
	que han ferido las estrellas	205
	voces de tierno dolor.	
	Aquí está un home, y soldado	
	del hidalgote venido	
	por mal año del solar,	
	y aun de todos sus vecinos.)	210
	Te mate el primer morico,	
	¿qué es lo que dicen de Sancha?	
Toribio	Presto me has desconocido.	
	No soy sueldado, señor,	
	ni con Osorio he venido.	215
	Toribio soy; ¿no me ves?	
Laín de Lara	¿Qué es esto, amigo Toribio?	
Toribio	Vino ese Nuño, o dimuño	
	(que como dimuño ha sido,	
	pues se lleva los cristianos	220
	donde no se sirve a Cristo),	
	y la mi señora lleva,	
	por enriba desos pinos,	
	adonde está el moro Audalla.	

Laín de Lara	¿Que la suerte le ha cabido de las cincuenta hidalgas?	225
Toribio	Todo es vero cuanto digo, ¡Pluguiera a Dios no lo fuera!	
Laín de Lara	Yo soy muerto.	
Toribio	Y yo morido.	
Laín de Lara	¿Nuño Osorio se llamaba ese capitán que vino a hacer cosa tan vil? ¿En home de su apellido, en home de su opinión cupo tan mal fecho?	230
Toribio	Quiso el rey que un home de pro, porque fuese obedecido, viniese por los solares con cien homes que ha traído, todos con buenas corazas, bien apuestos y guarnidos.	235 240
Laín de Lara	¿Cien homes?	
Toribio	Yo los conté por en somo del ejido: cincuenta son de a caballo, con lanzas como unos pinos.	 245
Laín de Lara	¿Y los otros?	

Toribio	También vienen a caballo.	
Laín de Lara	Desvaríos de home ignorante.	
Toribio	A la fe, con el dolor amarrido.	
Laín de Lara	¡No tuviera diez hidalgos, o mis parientes o amigos!	250
Toribio	¡Con diez a ciento!	
Laín de Lara	Y estoy por ir solo.	
Toribio	¿Estás perdido? ¿Es home Osorio de burlas?	
Laín de Lara	Para morir sin juicio, ¿qué importan ciento ni mil?	255
Toribio	Tente y cobra tu sentido.	
Laín de Lara	La muerte al cielo pido, pues, se me va la vida y no la sigo. ¡Ay Sancha de los míos ojos, Sancha de los ojos lindos, Sancha del tranzado largo, de oro crespo, rubio y rizo: Sancha de la crencha bella, atada en coifa de pinos!	260 265

Ma Dios, que sobre el cabello
la vi sentar un domingo.
Con no escuchar de su boca
sino desdenes y olvidos,
perlas eran sus palabras, 270
sus labios corales lisos.
La muerte al cielo pido,
pues se me va la vida y no la sigo.
Mas ¿qué fago? ¡Sandio yo,
caballero mal nacido! 275
¿Yo soy Lara? ¿Yo desciendo
de aquel godo Atanagildo?
Doña Sancha de León,
el mi amor, el mi principio,
que antes ni en pos no amé 280
otra hembra, por Dios vivo,
ha de gozar un Zulema,
un Almanzor, un Celindo?

Toribio   ¡Hola! ¿No catas que hablas
sandeces de home sin tino? 285
¡Por Dios vivo juras tú!
¿No temes que por castigo
te zampuce so la tierra
un rayo del cielo?

Laín de Lara   Amigo,
no caté lo que decía: 290
en aquel Señor confío
perdonará la mi culpa;
en demás que mi delito
es de home que está sin seso,
y haré buenos testigos 295
en ir a morir agora.

Toribio	Detente.
Laín de Lara	Guardad mis filos, hidalgos los de León, que os vendéis vosotros mismos por no morir de una vez. 300
Toribio	¿Dónde vas?
Laín de Lara	A resistillos; que un home sin juicio por mil espadas colará atrevido.

(Vanse.)

(Campo.)

(Audalla, Amir, Celín, moros.)

Audalla	A no decirme el rey que era contento de rendirme las parias, no esperara. 305
Amir	¿Qué puede ser tan gran detenimiento?
Celín	Ya por ventura en dártelas repara.
Audalla	Si han hecho nuevo acuerdo, sentimiento pienso mostrar, que viéndome la cara diga una cosa, y otra estando ausente. 310
Celín	Serán consejos de su altiva gente.
Amir	Son atrevidos estos asturianos,

	y van creciendo en número y en fuerzas.	
Audalla	¿Qué pueden ya los míseros cristianos, por más que con tus miedos los esfuerzas?	315

(Tello, dichos.)

Tello	¿Adónde está, gallardos africanos, el capitán?	
Celín (Aparte a Audalla.)	Correos hay, no tuerzas de las parias un átomo.	
Audalla	Ni puedo; que tengo al rey y a sus enojos miedo. Yo soy el capitán.	
Tello	Y yo he venido, valiente Audalla, a darte aviso agora que estés con la tu gente apercibido a recibir las parias.	320
Audalla	No atesora mi rey, en cuantas joyas le han traído de los dorados reinos del aurora, cosa que estime en más.	325
Tello	Sal a ese prado con tu escuadrón.	
Audalla	¿Quién viene?	
Tello	Un gran soldado;	

	Nuño Osorio se llama.

Audalla	Ya su fama
	y su persona he visto: es caballero
	de gran valor y generosa rama, 330
	de tronco entre cristianos el primero;
	y aunque por esto mismo me desama,
	por sus hazañas y opinión le quiero.
	Darte quiero un presente que le lleves.

Tello	Por el que te ha de dar, bien se le debes. 335

Audalla	¿Hay mujeres hermosas?

Tello	Tan hermosas
	que las de antaño exceden; mas entre ellas
	como a las hojas las bermejas rosas
	excede Sancha de León las bellas.
	No hay entre cristianas generosas, 340
	atanto de casadas cual doncellas,
	hembra de más valor ni hermosura.

Audalla	Por mía la acoto.

Tello	Habrás buena ventura.

Audalla	Pónganse en ala mis quinientos homes,
	que coronen el prado con más varias 345
	colores que sus plantas de mil nombres,
	para que puedan recibir las parias.

Amir	Veráslos tan gallardos, que te asombres.

Tello	Quien parias dio, a la ley de Dios contrarias,

	en el infierno yaga con Pilatos.	350
Celín	¿Qué dices?	
Tello	Que de un ángel son retratos.	

(Nuño, Toribio, Anzures, dichos.)

Nuño Osorio	¿Que por todo el camino viene Sancha los brazos y las piernas descubiertas?	
Anzures	Es cosa que nos lleva sin sentido, y que cuidamos que le habrá perdido.	355
Nuño Osorio	No puede, amigos, ser de otra manera, porque con seso no se descubriera.	
Toribio	No puedo contener, capitán fuerte, las lágrimas de ver la mía señora venida en tanto mal.	
Nuño Osorio	Con causa llora.	360
Toribio	Los blancos brazos y los tiernos pechos, que no se descubrieron en su casa a Sol, su prima, ni a Leonor, su amiga, los trae descubiertos por el campo.	
Nuño Osorio	Que Sancha de León, entre cien homes, siendo hembra tan cuerda y bien nacida, camine con los brazos y las piernas descubiertas a todos claramente, no puede ser hazaña deshonesta. A la fe, Anzures, que ha perdido el	365 370

	seso, y que esta sinrazón se le ha tullido.
Anzures	Pues ¿cuidas lo hiciera en su sentido?
Nuño Osorio	No lo hiciera hembra tan constante, tan colmada de honor y de crianza.
Anzures	La pena, Nuño, de cuidar que un moro 375 ha de pisar su virginal decoro ¿qué no podrá?
Nuño Osorio	Podrá lo que ha podido, que es quitarle el honor con el sentido. Confiésovos, soldados valerosos, que cuando la miré venir desnuda, 380 con ser atán hermosa, blanca y linda, que llevaba las hojas de los árboles, cuanti más que los ojos de los homes, quité los míos por vergüeña, y dije: «No el seso, que el dolor, a Sancha rige.» 385
Anzures	No hay soldado (con ser libres homes, y solteros los más y mancebicos) que se atreva a mirarla; y si la mira, no de codicia del su amor suspira, mas llora de dolor, viendo tal dama 390 que de pesar su honestidad infama.
(Tello, dichos.)	
Tello	Ya di, señor, a Audalla tu recado, y corona de moros este prado, aguardando las parias que le llevas, con dulzainas, tambores y jabetas. 395

	Dióme un presente, Osorio, que te diese,	
	atán rico, que es digno de ti mismo:	
	cuatro caballos nobles, andaluces,	
	un rosillo, dos bayos, cabos negros,	
	y un blanco escrito a ruedas, que parece	400
	que le han pintado adrede, y cada uno	
	con un alfanje damasquino, atado	
	por el arzón con una cuerda de oro,	
	nielado el pomo, la contera y brazos,	
	que Alfonso se pudiera honrar con ello.	405

Nuño Osorio   No me lo digas, no; déjame, Tello.

Tello   Pues ¿qué dirás, si ya, señor, supieses
cómo tiene el morazo, que mal haya,
escollida por hembra a doña Sancha?

Nuño Osorio   Buen pro le hará, que sandia se ha tornado.   410

Tello   ¿Sandia, señor?

Nuño Osorio   ¿No basta que lo diga?
Loca y sandia la tiene su fatiga.
Las piernas y los brazos descubiertos,
camina entre nosotros.

Tello   ¡Triste caso!

(Vela, dichos.)

Vela   Ya están, señor, enfrente de los moros   415
las cien doncellas.

Nuño Osorio   Bien lo vi en sus lloros.

Vela	Apenas, gran señor, los descubrieron,
	cuando mil gritos y alaridos dieron,
	no maldigando solo a Mauregato,
	sino a Alfonso, de cobarde, ingrato, 420
	y a ti también, señor, que las entregas.
	Veráslas todas que, de llanto ciegas,
	el campo siembran de oro del cabello.
Nuño Osorio	Su duelo escucho y no me maraviello.
	Mas ¿qué hay de doña, Sancha?
Vela	Un caso extraño: 425
	que así como, desnuda, vio los moros,
	las piernas y los brazos se ha cubierto,
	y vestida y honesta y vergonzosa,
	cerróse toda como rubia rosa
	que en ausencia del Sol las hojas junta, 430
	marchita, triste, pálida y difunta.
Nuño Osorio	¿Que se ha vestido?
Vela	Sí que se ha vestido.
Nuño Osorio	Traedla aquí.
Toribio	Yo voy, señor, por ella.
(Vase.)	
Nuño Osorio	Saber quiero la causa que ha tenido.
Vela	De ti, señor, se ofende y se querella. 435

Nuño Osorio	No tengo culpa yo; del rey ha sido.	
Anzures	Mal fecho fue; ¡tan principal doncella!...	
Nuño Osorio	En las suertes no hay culpa ninguna; culpar debiera Sancha su fortuna.	
Toribio	Aquí viene doña Sancha.	440

(Doña Sancha, Toribio, Nuño, Tello, Vela, Anzures, Soldados cristianos.)

Nuño Osorio	Pues ¿cómo vestida vienes, tú, que desnuda venías?	
Doña Sancha	Osorio, ¿que no lo entiendes?	
Nuño Osorio	¿Cómo lo puedo entender, pues hacen esas sandeces los que no tienen juicio, y tú vemos que le tienes?	445
Doña Sancha	Atiende, Osorio cobarde, afrenta de homes, atiende, porque entiendas la razón, si no entenderla quieres. Las mujeres no tenemos vergüenza de las mujeres: quien camina entre vosotros muy bien desnudarse puede, porque sois como nosotras, cobardes, flacas y endebles, hembras, mujeres y damas; y así, no hay por qué no deje de desnudarme ante vos,	450 455 460

      como a hembras acontece.
      Pero cuando vi los moros,
      que son homes, y homes fuertes,
      vestíme; que no es bien
      que las mis carnes me viesen.   465
      ¿Qué honestidad he perdido,
      cuando venzo entre mujeres?
      Ninguna, pues que lo sois
      tan cobardes y tan leves;
      pero no cuando los moros,   470
      que son homes.

Nuño Osorio   Sancha, tente;
      tente Sancha; que me matas,
      me enfurias y me ensandeces.
      ¡Por el alcázar divino,
      por las deidades celestes,   475
      por la sangre de mis padres,
      que en blancos mármoles duermen
      en San Salvador de Oviedo,
      que no el mundo me afrente
      con el nome de mujer,   480
      cuando mil vidas perdiese!
      ¡Porque somos hembras viles
      las tus carnes no defiendes,
      y a los moros las cobijas
      porque son homes valientes!   485
      ¡Hola, saldados! Alfonso,
      sus consejeros, sus leyes,
      sus paces y sus conciertos
      en este punto perecen.
      Quinientos moros están   490
      armados, cual veis, enfrente:
      ciento somos; toca el arma;

	que asaz ha fecho quien muere.	
	¿Yo mujer? ¡Ante mis ojos	
	se desnudan! Si la hueste	495
	fuera del mismo Alejandro,	
	Darío, César, Pirro o Jerjes,	
	no dejara de morir	
	por lo menos, y tenerme	
	por tan home como soy.	500
Anzures	No has dicho eternamente	
	palabra tan bien hablada.	
Vela	¡Nosotros somos mujeres,	
	Osorio, y los moros homes!	
Tello	Señor, si agora consientes	505
	esta afrenta, ¿qué dirán	
	los que en pos de nos vinieren?	
Nuño Osorio	Que no hay que rehortir;	
	esto haré cada siempre	
	que el cielo me diese vida.	510
	La vida presto se pierde;	
	la fama por siempre dura,	
	y vuela de gente en gente	
	fasta los fines del mundo.	
Doña Sancha	¡Oh Nuño gallardo y fuerte!	515
	¡Oh gloria de los Osorios!	
	Conténtate que me cuestes	
	el haberme descubierto,	
	que en mi prez valor no tiene.	
	Acomete esos quinientos;	520
	que yo pondré a mis mujeres	

	las armas que vos sobraren;	
	que con el dolor que vienen	
	harán más que dos mil homes.	
	Y si se quejare el rey	525
	o el reino de lo que haces,	
	¿qué importa que nos degüelle?	
	Ende más que Dios hará	
	y el su Apóstol, que defiende	
	este rincón, donde yace,	530
	que Alfonso la furia temple.	
Nuño Osorio	¡Oh valerosa asturiana!	
	¡Si vida el cielo me ofrece,	
	yo te pagaré el valor	
	Santiago!	
Doña Sancha	Osorio, acomete.	535

(Vase.)

| Todos | ¡Santiago! |

(Éntranse todos, y principia dentro la batalla.)

(Audalla, Nuño, Amir, Soldados moros, Soldados cristianos, todos dentro.)

Audalla	¿Qué es esto? ¿Desta suerte pagan parias	
	los cristianos al rey de España?	
Nuño Osorio	¡Oh perro!	
	Ésas que le han pagado son contrarias	
	al cielo y al valor de aqueste hierro.	540
Audalla	Yo te haré deshacer en partes varias,	

	y a las aves poner en ese cerro.	
Nuño Osorio	Mira por ti, villano; a ver si toma tu defensión el pérfido Mahoma.	

(Salen todos peleando.)

Amir	¡Mueran, valiente Audalla, los cristianos! Quinientos somos.	545
Nuño Osorio	¡Linda fama adquieres, cuando ciento muramos a tus manos!	

(Doña Sancha, con un gran número de doncellas armadas de espadas y rodela, que se ponen al lado de Osorio; dichos.)

Doña Sancha	Llevad de aquesta guisa las mujeres.	
Nuño Osorio	Estimo, Sancha, tus valientes manos.	
Doña Sancha	Tú eres quien me da valor.	
Nuño Osorio	Tú eres por quien he de hacer del moro estrago.	550
Audalla	¡Aquí Mahoma, aquí!	
Nuño Osorio	¡Y aquí Santiago!	

(Vanse.)

(Sala en el alcázar de León.)

(El Rey, Teudo, Suero, Meledón.)

Rey Alfonso	Las joyas que voy juntando,	
	mis hidalgos, son a efeto,	
	si a la avaricia sujeto	555
	me vades imaginando,	
	de hacer una cruz de oro	
	de inestimable valor,	
	que dar a San Salvador	
	por prenda de la que adoro.	560
	No vos cale en esta guisa	
	dar caloña a lo que fago;	
	que no de cosas me pago	
	que la ley cristiana pisa.	
	Los diamantes y amatises,	565
	los rubíes y balajes,	
	girasoles de linajes	
	que atán diferentes vistes,	
	las zafiras y esmeraldas,	
	crisólitos y topacios,	570
	han de ocupar los espacios	
	de la faz y las espaldas.	
	Esto fue juntar tesoro,	
	no a la fe por codicia.	
Teudo	¿Cuidas tú que fue malicia	575
	cuidar que juntabas oro?	
	No, señor, sí soldemente	
	que alguna guerra esperabas,	
	con que defensar pensabas	
	de los moricos tu gente;	580
	que asaz, buen Alfonso, basta	
	el nombre y santa opinión	
	de Casto, aunque es compasión	
	que de ti no dejes casta.	

Suero	¿Con quién, invito señor,	585
	piensas hacer esa cruz,	
	que dará a tus obras luz	
	y devino resplandor?	
	¿Dónde fallarás platero	
	de tan alta platería?	590
Rey Alfonso	Escorrid la tierra mía	
	vos, Meledón, y vos, Suero,	
	fasta que topéis un home	
	asaz suficiente deso,	
	que vos guise de maeso,	595
	ya por obras, ya por nome;	
	que no ha de haberse visto	
	cruz de tamaño valor,	
Meledón	Sepa tu merced, señor,	
	que la adoración que a Cristo,	600
	a la Cruz debe el cristiano;	
	y así, es bien hacerla atal.	
Rey Alfonso	Daré de mi amor señal,	
	en aprecio soberano,	
	de aquel Señor que se puso	605
	en ella por mis pecados.	
Teudo	Pies y brazos acabados,	
	¿no harás algo de yuso?	
Rey Alfonso	Un pie sobre que se pose.	
Teudo	¿E no harás los judíos	610
	que le hicieron desvíos?	

Rey Alfonso	Mejor en gracia repose
	y en fuesa de mis pasados,
	que ningún judío haga;
	que aun pintados no me paga	615
	de mirallos figurados,
	cuanti más hacerlos de oro.

Teudo   Pues muy de judíos es
               tener oro fasta en pies.

Rey Alfonso   No será en la Cruz; que adoro.   620

(Amir, dichos.)

Amir   ¿Está el rey aquí?

Rey Alfonso   ¿Quién es?

Suero   Un morico mal ferido.

Rey Alfonso   Home, ¿de dónde has venido?

Amir   Escucha.

Rey Alfonso   Prosigue, pues.

Amir   De Córdoba soy, Alfonso;   625
               aquí vine con Audalla,
               señor de Úbeda y Baeza,
               de Montilla y Guadalcázar,
               alguacil mayor del rey
               que tiene el cetro en España,   630
               a quien, porque en paz os deje,

pagáis los de Asturias parias.
Él os habló de su parte
y dio real embajada
en razón de lo que digo, 635
que no con violencia de armas;
pudiérades responder
que no os agrada el pagarlas,
y a Córdoba se volviera,
adonde el rey las cobrara; 640
mas respondistes, el rey
(si reyes los vuestros llaman
a los que, haciendo traición,
rompen, su firma y palabra),
que esperase a pocas leguas 645
de León, mientras se daba
orden de juntar la gente,
que estaba en diversas casas.
Esperó; llegó un soldado
un martes por la mañana, 650
que dijo que Nuño Osorio
ya con las parias llegaba.
Dímosle todos albricias,
codiciosos de cristianas;
que no pienso que tendréis 655
por mal gusto el estimarlas.
Apareció sobre un monte
con cien doncellas que al alba
daban por cien soles luz,
y cien homes de armas blancas. 660
puso Audalla sus quinientos,
como el que las esperaba,
en forma de Luna abierta...
Digo, al menguar de su cara.
Mas, movida entre ellos mismos, 665

	por dicha, de no entregarlas	
	nueva plática y acuerdo,	
	mandaron tocar las cajas.	
	Embisten el escuadrón	
	con ballestas y con lanzas,	670
	de suerte que las mujeres	
	con piedras y con espadas	
	hicieron tan altos hechos,	
	tan espantosas hazañas,	
	que de quinientos que fuimos	675
	apenas los ciento escapan.	
	Murió Audalla, porque Nuño	
	le deshizo a cuchilladas,	
	con ser el home más bravo	
	que de África vino a España.	680
	Huyeron por esas sierras	
	los que la vida estimaban;	
	yo solo a avisarte vengo	
	para decirte en la cara	
	que no es de reyes mentir	685
	ni faltar a su palabra;	
	y que si no lo has sabido,	
	hagas en Nuño venganza,	
	autor de aquesta traición,	
	porque, de no castigarla,	690
	¡ay de León!, ¡ay de ti!	

Rey Alfonso   Calla, moro, escucha y calla;
              que estoy rabiando de enojo.

Suero   Éste es Nuño Osorio.

Rey Alfonso   Aguarda:
              verás el mayor castigo   695

que ha fecho rey en España.

(Nuño, doña Sancha, Laín, Vela, Toribio, Anzures, doncellas, Soldados cristianos, dichos.)

Nuño Osorio	Postradvos todos al rey y lo que quisiere haga.	
Rey Alfonso	No hay cómo satisfaga la venganza ni la ley.	700
Nuño Osorio	Rey Alfonso, que Dios guarde...	
Rey Alfonso	Nuño Osorio, mal venido...	
Nuño Osorio	Licencia de hablarte pido.	
Rey Alfonso	Para tu traidor alarde; no pasen más ante mí los que te han acompañado.	705
Nuño Osorio	¿Estás, buen rey, enojado?	
Rey Alfonso	Justamente contra ti tengo homecillo y enojo.	
Nuño Osorio	Si me escuchas, quedarás bien satisfecho además.	710
Rey Alfonso	No quiero yo tu despojo, no tu traidora vitoria, aunque digna de alabanza, porque ningún prez alcanza ni tien derecho a memoria	715

	quien no faz la mandadura	
	del su rey, tuerta o derecha,	
	porque estuences faz sospecha	
	que no le cata mesura.	720
Nuño Osorio	El mío rey, oíd si os praz;	
	después tollerme podréis	
	la vida, si vos queréis;	
	que pescuezo tengo asaz.	
Rey Alfonso	Por las fojas del misal,	725
	adonde yacen pintados	
	los santos apostolados,	
	que habléis por vueso mal.	
	¡Hola! Llamad un verdugo.	
Nuño Osorio	Oídme en tanto, señor,	730
	por aquel pasado amor	
	que ya tenerme vos plugo.	
Doña Sancha	Oílde, rey generoso,	
	no estéis desaforado	
	con quien honra vos ha dado,	735
	que es hidalgo hacendoso.	
Rey Alfonso	Por vos, hembra, escucharé,	
	que parecéis mesurada.	
Doña Sancha	Soy de buen padre engendrada.	
Rey Alfonso	¿Quién el vueso padre fue?	740
Doña Sancha	Don García de León.	

Rey Alfonso	Ma, Dios, que aun es mi pariente.
Doña Sancha	Hablad, Osorio valiente; que el rey vos dará atención.
Nuño Osorio	Yo llevé las cien doncellas, 745 las pecheras y hidalgas, famoso rey de León, de Asturias y las montañas, para entregar a los moros a su capitán Audalla, 750 como lo dirá el presente, que estuences me vio llevarlas. Del solar de don García saqué, rey, a doña Sancha, mujer asaz belicosa 755 y digna de eterna fama. Ella por todo el camino, quitada su saboyana, iba los brazos y piernas descubiertos a luz clara. 760 Nos tuvímoslo a sandez, y no quisimos miralla; que aun hay en homes mesura a tiempo que en hembras falta. Cuando Sancha vio los moros, 765 vistióse cedo, y miraba si alguno dellos la vía, vergüeñosa y recatada. Como la vimos vestir, pescudámosle la causa, 770 y dijo que entre nosotros de ir desnuda no cuidaba, por ser, como ella, mujeres

                              viles, endebles y flacas;
                              pero que en viendo los moros,   775
                              homes fuertes, homes de armas,
                              se recató, como hembra
                              que del home se recata.
                              Apenas lo oí, señor,
                              cuando, a tener luenga barba,   780
                              pedazos me la hiciera;
                              mas pagólo la mi cara.
                              Juré por Dios, que no pude
                              a tan gran jura quebrarla,
                              de no entregar las donas,   785
                              de no dar las viles parias;
                              sucedió lo que ya sabes.
                              Así los cielos te hagan
                              el más dichoso, buen rey,
                              en todas las tus andanzas,   790
                              que juzgues lo que hicieras
                              si en aquel prado te hallaras,
                              viéndote llamar mujer,
                              hidalgo y de ley cristiana,
                              y llamar home valiente   795
                              a un moro de ley contraria.
                              Córtame, rey, la cabeza,
                              aquí tengo la garganta;
                              home moriré, no hembra,
                              como los que dan las parias.   800

Rey Alfonso   Quedo, Osorio; todos somos
                              homes, de Dios por la gracia.
                              No soy yo hembra; ma, Dios,
                              magüer que Casto me llaman,
                              que el Casto fue por virtud,   805
                              no porque el brío me falta;

| | que una cosa es no querer,
y otra la flaqueza humana. | |
|---|---|---|
| Suero | Nuño Osorio, yo soy Suero;
lo que el rey ha dicho basta
para que de hoy en delante
no digan hembras ni damas
que los homes somos hembras. | 810 |
| Meledón | Si dije que se pagaran,
no cuidé yo que vallan
las mujeres a las armas.
No se paguen más al moro. | 815 |
| Rey Alfonso | Vete, moro, enhoramala.
Di al tu rey que cien doncellas
son cien chuzos y cien lanzas.
Que venga como quijere;
que las hembras solaz bastan
a defenderse a sí miesmas. | 820 |
| Amir | Presto veréis la venganza
que hace mi rey de vosotros. | 825 |
| Nuño Osorio | Aun bien que las tus adargas
saben ya los muesos golpes. | |
| Doña Sancha | A bocados, a puñadas,
los desharemos las hembras. | |
| Nuño Osorio | Dad algo a Laín de Lara,
rey, que en aquesta ocasión
fizo notable matanza
en los cordobeses moros. | 830 |

Laín de Lara	El premio desta batalla	
	vos pido que Sancha sea.	835
Nuño Osorio	Eso no; que doña Sancha	
	ha de ser mujer de Osorio,	
	y seldo vos de mi hermana,	
	que es la hembra más hermosa	
	que hay en todas las montañas.	840
Laín de Lara	Digo que, pues Sancha os quiere,	
	buena pro, Nuño, vos haga.	
Rey Alfonso	Yo seré a los dos padrino.	
Toribio	Y yo a dar nuevas tan altas	
	voy al Sol de aquel buen viejo.	845
Rey Alfonso	A Osorio le doy por armas	
	alrededor de los lobos	
	Dieciséis famosas aspas;	
	a Laín fago desde hoy	
	el capitán de mi guarda.	850
Nuño Osorio	Aquí, senado, hacen fin	
	de don Nuño las hazañas.	
Doña Sancha	Eso no.	
Nuño Osorio	Pues ¿quién, señora?	
Doña Sancha	Las famosas asturianas.	

Fin de la comedia

Libros a la carta

A la carta es un servicio especializado para
empresas,
librerías,
bibliotecas,
editoriales
y centros de enseñanza;
y permite confeccionar libros que, por su formato y concepción, sirven a los propósitos más específicos de estas instituciones.

Las empresas nos encargan ediciones personalizadas para marketing editorial o para regalos institucionales. Y los interesados solicitan, a título personal, ediciones antiguas, o no disponibles en el mercado; y las acompañan con notas y comentarios críticos.

Las ediciones tienen como apoyo un libro de estilo con todo tipo de referencias sobre los criterios de tratamiento tipográfico aplicados a nuestros libros que puede ser consultado en Linkgua-ediciones.com.

Linkgua edita por encargo diferentes versiones de una misma obra con distintos tratamientos ortotipográficos (actualizaciones de carácter divulgativo de un clásico, o versiones estrictamente fieles a la edición original de referencia).

Este servicio de ediciones a la carta le permitirá, si usted se dedica a la enseñanza, tener una forma de hacer pública su interpretación de un texto y, sobre una versión digitalizada «base», usted podrá introducir interpretaciones del texto fuente. Es un tópico que los profesores denuncien en clase los desmanes de una edición, o vayan comentando errores de interpretación de un texto y esta es una solución útil a esa necesidad del mundo académico.

Asimismo publicamos de manera sistemática, en un mismo catálogo, tesis doctorales y actas de congresos académicos, que son distribuidas a través de nuestra Web.

El servicio de «libros a la carta» funciona de dos formas.

1. Tenemos un fondo de libros digitalizados que usted puede personalizar en tiradas de al menos cinco ejemplares. Estas personalizaciones pueden ser de todo tipo: añadir notas de clase para uso de un grupo de estudiantes, introducir logos corporativos para uso con fines de marketing empresarial, etc. etc.

2. Buscamos libros descatalogados de otras editoriales y los reeditamos en tiradas cortas a petición de un cliente.

www.ingramcontent.com/pod-product-compliance
Lightning Source LLC
Chambersburg PA
CBHW032040040426
42449CB00007B/962